Gerd Engel

Sprache untersuchen

in der 3. und 4. Klasse

Materialien für den Unterricht
Hase und Igel®

Geschichten mit Kommissar Kugelblitz erscheinen bei
Egmont Verlagsgesellschaften, SchneiderBuch.
Schulausgaben erscheinen im Hase und Igel Verlag.

Informationen rund um Kommissar Kugelblitz finden Sie
unter www.Kommissar-Kugelblitz.de

www.hase-und-igel.de
Lektorat: Sandra Hummel-Kuhn
Satz: Aline Kirsch
Illustrationen: Johann Brandstetter, Hannes Gerber
Druck: Kösel GmbH & Co. KG, Altusried-Krugzell

ISBN 978-3-86760-827-5

Vorwort

Liebe Kolleginnen und Kollegen,

der vorliegende Band „Sprache untersuchen in der 3. und 4. Klasse“ hat mich von der ersten Idee bis zu seiner Fertigstellung eine ordentliche Zeitspanne meines Lehrerlebens begleitet. Er entstand in weiten Teilen aus der direkten Arbeit mit meiner Klasse. Hier sind meine langjährige Erfahrung als Grundschullehrer eingeflossen sowie zahlreiche Anregungen und Verbesserungsvorschläge meiner Kolleginnen, meiner Schüler und nicht zuletzt meiner Lektorin Frau Hummel-Kuhn. Viel Herzblut steckt in diesen Seiten und mancher Tropfen davon wurde vergossen, wenn der Platz nicht für alle Ideen ausreichte.

Der Deutschunterricht der Grundschule muss mehr als früher eine sprachbildende und -pflegende Funktion übernehmen. Die sprachliche Sozialisation der Kinder durch das Umfeld wird heutzutage leider oft nicht mehr hinreichend geleistet, die sprachlichen Kenntnisse der Schüler klaffen hier deshalb zunehmend auseinander. Die sich daraus ergebende Notwendigkeit differenzierten sprachlichen Übens gesellt sich zu dem Anspruch der Fachdidaktik, untersuchend, spielerisch und experimentell vorzugehen. Das entspricht auch meiner eigenen Leidenschaft für die Sprache und ihre Erforschung. Manches davon lässt sich in einer Kopiervorlage nur schwer abbilden. In den ausführlichen Kommentaren des Lehrerteils finden Sie deshalb zahlreiche Anregungen zu Unterrichtsarrangements und leicht umsetzbaren spielerischen Übungen.

Es gibt viele Momente im Schulalltag, die zum Staunen oder zum Entdecken und Kommentieren sprachlicher Phänomene und Gesetzmäßigkeiten einladen. In allen Sachthemen, in Erlebnissen oder in Literaturbegegnungen lassen sich fruchtbare Gelegenheiten für das sprachliche Lernen wiederfinden. Als Grundsatz gilt: Das geleitete Sprachhandeln steht im Mittelpunkt. Dann folgen die Reflexion, die Strukturierung und zuletzt die Begriffsbildung. In jedem Fall haben auch die Fachsystematik, ihre Terminologie und eher schematische Aspekte ihre Berechtigung. Grammatikstunden sollten regelmäßig zentraler Unterrichtsgegenstand sein!

Eine befreundete Gymnasiallehrerin berichtete mir neulich, wie dankbar sie dafür sei, in der Grundschulzeit das Grundgerüst für ihr Grammatikverständnis erhalten zu haben. Dieses zu schaffen ist unsere Pflicht und immer wieder eine Herausforderung. Als Fachperson für den Deutschunterricht wissen Sie am besten, was Sie diesbezüglich von Ihren so unterschiedlichen Schülern verlangen können. Betrachten Sie das Material zur Wort- und Satzlehre als Steinbruch, Orientierungshilfe und als Ideengeber. Vor allem aber freue ich mich, wenn Ihnen diese Ausarbeitung in der Schulpraxis eine Entlastung bietet. Deswegen enthält das Material auch Lösungen bzw. Lösungsvorschläge zu allen Aufgaben.

Die vorliegenden Kopiervorlagen spielen in der Welt von Kommissar Kugelblitz und seinen Begleitern. Sie handeln auch von den Weggefährten, die am Ende der Ratekrimis immer die Handschellen verpasst bekommen. Wenn Sie und Ihre Klasse den seit Jahren beliebten, unverwüstlichen Kommissar schon kennengelernt haben, dann werden die Kinder besonders motiviert sein, auch seine „grammatikalischen Fälle“ zu lösen. Wer ihm jetzt das erste Mal begegnet, bekommt sicher Appetit auf mehr. Denn …

Wer oder was knackt jede Nuss? – der kluge Kommissar
Wessen Kugel blitzt ohne Schuss? – des klugen Kommissars
Wem kann man alles anvertrauen? – dem klugen Kommissar
Wen oder was sollte man nie beklauen? –
den klugen Kommissar.
Hast du's kapiert? – Na ja.

Wer oder was ist stets zur Stelle? – der kluge Kommissar
Wessen Grips löst alle Fälle? – des klugen Kommissars
Wem sagt man besser keine Lügen? –
dem klugen Kommissar
Wen oder was kann man nie betrügen? –
den klugen Kommissar.
Hast du's kapiert? – Beinah!

Wer oder was hat etwas bemerkt? – der kluge Kommissar
Wessen Schnauzbart wächst verstärkt? –
des klugen Kommissars
Wem sagt man besser, was man sah? –
dem klugen Kommissar
Für wen oder was ist dann alles klar? –
für den klugen Kommissar.
Hast du's kapiert? – Na klar!

Zahlreiche sprachliche Aha-Erlebnisse mit den Kindern wünscht Ihnen herzlichst

Gerd Engel

Inhalt

1. Kapitel: Wortlehre

Adjektive

Verben

Zeitformen

Nomen und ihre Stellvertreter

Präpositionen

Rund um Wörter und Begriffe

Inhalt

2. Kapitel: Satzlehre

Sätze bilden und verbinden

Satzarten und Satzzeichen

Satzglieder

Sprichwörter und Redewendungen

1. Kapitel: Wortlehre

Adjektive

Vorbemerkung

Adjektive sagen, wie etwas ist, manchmal auch, wie etwas geschieht. Sie werden attributiv (der schöne Mann), prädikativ (Der Mann ist schön.) und adverbial (Er schimpfte schön.) verwendet. Bei attributiver Verwendungsweise wird das Adjektiv flektiert (der schöne Mann, des schönen Mannes usw.). Die Fallsetzung wird in diesem Abschnitt nicht behandelt. Die Kinder lernen nur, dass sich Adjektive am Wortende verändern können. Partizipien (gebeugt, weinend) werden oftmals wie Adjektive verwendet (der gebeugt weinende Mann). Eine Unterscheidung zwischen „echten" und „unechten" Adjektiven wird hier nicht getroffen. Die Kinder erproben die grundlegenden Operationen, die man mit Adjektiven durchführen kann, wie deklinieren, steigern, ableiten und zusammensetzen. Das wichtigste formale Erkennungsmerkmal für Adjektive ist die Steigerungsprobe, auch wenn sie bei einigen „echten" Adjektiven versagt (absolut, pfeilschnell) und bei manchen „unechten" funktioniert (gebeugt, gebeugter).

Lehrplanbezug

- Mit Adjektiven genau beschreiben
- Adjektive deklinieren
- Grundstufe und Vergleichsstufen von Adjektiven kennenlernen
- Mit „als" und „wie" vergleichen
- Adjektive mit den Endungen „-sam", „-bar" und „-haft" bilden
- An Nomen die Endungen „-ig" und „-lich" anhängen
- Zusammengesetzte Adjektive bilden

Zu den Kopiervorlagen

KV Seite 10

Wetter? Wechselhaft!

Im Gedicht werden viele Adjektive verwendet, dadurch wird es sehr bildhaft und stimmungsvoll. Sprechen Sie mit der Klasse über diese Wirkung. Fällt den Schülern die unterschiedliche Position der Adjektive auf (z. B. klamme Finger, Lippen blau)? Die Kinder finden anschließend inhaltlich passende Adjektive und setzen sie in der richtigen Form in die Lücken ein. Schließlich sammeln sie weitere Adjektive zu den vorgegebenen Themen. Solche Sammelaufgaben werden von den Kindern erfahrungsgemäß sehr gern durchgeführt. Das aktive Suchen schult ihr Gefühl für diese Wortart und bereichert den Wortschatz. Die Verwendung eines Wörterbuchs ist sinnvoll.

Lösung

Aufgabe 1:

Regen wild und Nebel dicht,
Schuhe nass und schlechte Sicht,
Wolken schwer und Himmel grau,
klamme Finger, Lippen blau.
Ach, wie fühle ich mich kläglich,
ist das Wetter unerträglich!

Liebe Sonne, zeig dich doch!
Da! Himmel lässt ein kleines Loch!
Straße dampft und mir wird warm,
Pulli aus und nackter Arm.
In den Sand mein großer Zeh
schreibt ein lächelndes O.K.

Aufgabe 2:

z.B. die liebe, heiße, runde, gelbe Sonne
die dünnen, langen, flinken, gepflegten Finger
die bequemen, ausgelatschten, modernen, sportlichen Schuhe
der alte, zerschlissene, schmutzige, stinkende Pullover
das süße, leckere, fruchtige, frische Eis
der fremde, wilde, gefährliche, unberechenbare Löwe

Aufgabe 3:

z. B. Wie kann der Regen sein? wild, stark, sanft, leicht, kalt
Wie kann das Wetter sein? wechselhaft, sommerlich, frühlingshaft, herbstlich, winterlich, regnerisch, kalt, warm, heiß, mild
Wie kann man sich fühlen? gut, schlecht, krank, fröhlich, überflüssig, einsam, glücklich

KV Seite 11

Bei Paul im „Pommes-Palast“

Adjektive können grammatische Endungen erhalten, die abhängen vom Kasus (der kleine Mann, dem kleinen Mann), vom vorangestellten Artikel bzw. dem Numerus (der kleine Mann, ein kleiner Mann, kleine Männer), vom Geschlecht (ein kleiner Mann, eine kleine Frau) sowie von der Steigerung (klein, kleiner, am kleinsten, der kleinste Mann). Die genannten Aspekte treten immer kombiniert auf, sodass sich eine Fülle von Möglichkeiten ergibt. Das steht auf dieser Kopiervorlage im Mittelpunkt. Die Kasusendungen bereiten den Kindern oft Mühe und sollten durch überdeutliches Sprechen immer wieder bewusst gemacht werden.

Besprechen Sie gegebenenfalls ein Übungsbeispiel an der Tafel, z. B. Pommes frites sind hier besonders lecker. Ich esse die leckeren Pommes frites meiner Oma besonders gern. Es geht nichts über leckere Pommes frites. Weisen sie auf den Wortstamm hin und markieren Sie die Endungen.

Lösung

Aufgabe 1:

Kugelblitz und Sonja Sandmann statten dem bekannten Imbiss einen Besuch ab.

Sonjas Hunger ist groß. Auch Kommissar Kugelblitz hat großen Appetit. Mit großer Vorfreude stürzen sich die beiden auf ihr Essen.

Heute schmecken die Pommes allerdings sehr salzig. Zu salzige Pommes schmecken einfach nicht, auch wenn man Hunger hat! „Salziges Essen ist überhaupt nicht gut für meinen Blutdruck“, denkt Kommissar Kugelblitz.

Paul macht ein langes Gesicht. Seine Arbeit macht er schon lange nicht mehr gern. Wer hätte das gedacht? Schon lange denkt er daran, seinen Imbiss zu verkaufen.

„Ich wäre bestimmt ein guter Kriminalkommissar geworden“, denkt Paul. „Bei der Kriminalpolizei – das wäre eine gute Arbeit für mich. Verbrecher zu jagen, das ist sicher ein gutes Gefühl!“

Aufgabe 2:

Verwendete Endungen:
-en, -er,
-e, -es

KV Seite 12

Schneller als pfeilschnell?

Adjektive kann man in der Regel steigern, das heißt, sie haben neben der Grundform, dem sogenannten Positiv (groß, schnell), weitere Vergleichsstufen. Der Komparativ oder die 1. Vergleichsstufe (größer, schneller) wird regelhaft durch das Anhängen der Endung „-er“ an die Positivform gebildet. In besonderen Fällen entstehen bei dieser Steigerungsform Umlaute (z.B. alt – älter, groß – größer). Bei Adjektiven auf „-el“ fällt das „e“ weg (z.B. dunkel – dunkler). Bei einem Diphtong vor der Silbe „-er“ fällt das „e“ weg (z. B. teuer – teurer, sauer – saurer). Der Superlativ oder die 2. Vergleichsstufe (am größten, der größte, am schnellsten, der schnellste) wird verwendet, wenn jemand oder etwas im Vergleich mit mindestens zwei weiteren Personen oder Objekten hervorsticht: Paul ist der schnellste Läufer der Klasse. Er ist am schnellsten von allen. Die Bildung ist komplex und birgt eine Menge Sonderfälle. Durch das ständige Üben entwickeln die Schüler nach und nach ein Gespür dafür.

Einige Adjektive fallen ganz aus dem Rahmen: gut – besser – am besten, hoch – höher – am höchsten, nahe – näher – am nächsten, viel – mehr – am meisten, oder lassen sich gar nicht steigern: schriftlich, tot, nackt, obdachlos, himmelblau, pfeilschnell u.v.m.

Trotz dieser Ausnahmen ist die Steigerung eine recht verlässliche Probe für Adjektive.

Lösung

Aufgabe 1:

Nicht steigerbar sind: pfeilschnell, schneeweiß, schriftlich, grabesstill, unüberhörbar, tot, fleischlos, unverkäuflich

Aufgabe 2:

Grundform des Adjektivs	1. Vergleichsstufe	2. Vergleichsstufe
flink	flinker	am flinksten
flott	flotter	am flottesten
bunt	bunter	am buntesten
freundlich	freundlicher	am freundlichsten
faul	fauler	am faulsten
reich	reicher	am reichsten
leise	leiser	am leisesten
friedlich	friedlicher	am friedlichsten
laut	lauter	am lautesten
lästig	lästiger	am lästigsten
lebhaft	lebhafter	am lebhaftesten

krank	kränker	am kränksten
staubig	staubiger	am staubigsten
fett	fetter	am fettesten
vitaminreich	vitaminreicher	am vitaminreichsten
teuer	teurer	am teuersten

Weiterführende Anregungen

- Lassen Sie die Kinder weitere Vergleiche suchen: in der Tierwelt, der Mathematik oder im Klassenraum.
- Sammeln Sie mit der Klasse bildhafte Redewendungen: schneller/dümmer als die Polizei erlaubt, schläft wie ein Murmeltier, dumm wie Bohnenstroh, schneller als man Piep sagen kann, bekannt wie ein bunter Hund, empfindlicher als eine Mimose usw.

KV Seite 13

Wundersam und rätselhaft, aber lösbar

Die Kinder begegnen den Wortbildungsmorphemen und typischen Adjektivendungen „-sam“, „-bar“ und „-haft“. Mit „-haft“ kann man vor allem aus Nomen (das Gewissen – gewissenhaft) bzw. dem Nomenwortstamm (die Nahrung – nahrhaft) Adjektive bilden. Mit „-bar“ und „-sam“ baut man vorwiegend mit dem Stamm von Verben (behandeln – behandelbar, genügen – genügsam) passende Adjektive. Das Wissen um diese Wortbausteine ist eine große Hilfe bei der Identifizierung eines Wortes als Adjektiv und für morphematische Rechtschreibstrategien.

Beim Lückentext sind verschiedene Lösungen möglich. Wer denkt sich den witzigsten, verrücktesten, lustigsten Satz aus?

Lösung

Aufgaben 1/2:

Adjektive mit „-sam“: genügsam, wundersam, gehorsam, wirksam, aufmerksam, schweigsam, ratsam, langsam, unterhaltsam, sorgsam, sparsam

Adjektive mit „-haft“: gewissenhaft, vorteilhaft, ernsthaft, grauenhaft, lebhaft, glaubhaft, mädchenhaft

Adjektive mit „-bar“: sichtbar, wunderbar, scheinbar, essbar, denkbar, lösbar, tragbar

Aufgabe 3:

z. B. Gehorsam setzt sich Strolch neben Kugelblitz.
Die Operndiva singt grauenhaft.
Martins neuer Klassenkamerad sitzt schweigsam an seinem Tisch.
Langsam schleicht der Dieb um die Ecke.

KV Seite 14

Besuch bei Inspector Brown

Wie wandelbar Wörter sind, erkennen die Schüler auch, wenn sie an Nomen die Endungen „-ig“ oder „-lich“ anhängen. Sie sind ebenfalls Erkennungsmerkmale für Adjektive und wandeln das Nomen um. Im mündlichen Sprachgebrauch wird, je nach Region, „-ig“ oftmals als „-ich“ ausgesprochen. Bestehen Sie bei der Bearbeitung des Arbeitsblattes deshalb auf einer deutlichen Aussprache. Weisen Sie die Schüler außerdem darauf hin, dass es zwischen dem Nomen und dem Adjektiv Unterschiede gibt, z. B. Gefahr – gefährlich, Kunst – künstlich, Ehre – ehrlich. Das wird vor allem bei der zweiten Aufgabe deutlich, bei der die Begriffe zudem flektiert werden müssen. Für lernschwächere Schüler bietet sich Partnerarbeit an.

Lösung

Aufgabe 1:

windig, gierig, gefährlich, geizig, königlich, lustig, glücklich, freundschaftlich

Aufgabe 2:

Nebel = neblig, Sonne = sonnig, Punkt = pünktlich, Ende = endlich, Ehre = ehrlich, Pein = peinlich, Gemüt = gemütliche, Herr = herrliches, Schreck = schrecklich, Durst = durstig, Kunst = künstliche, Herz = herzhaft

KV Seite 15

Zusammen sind wir stark

Adjektive werden manchmal zur Verstärkung mit einem Nomen zusammengesetzt und sind dann nicht mehr steigerbar, z. B. weiß wie Schnee – schneeweiß. Manchmal ist das vorangestellte Nomen eher ein Bestimmungswort (heilig, aber nur zum Schein – scheinheilig) und dann meist weiter steigerbar. Rechtschriftlich ist die Zusammen- und Kleinschreibung zu beachten. Die Kopiervorlage kann als Einstieg in dieses Thema dienen.

Lösung

Aufgabe 1:

bärenstark: stark wie ein Bär
grasgrün: grün wie Gras
bildschön: schön wie ein gemaltes Bild

Aufgabe 2:

Kugelblitz verhört den aalglatten Teddy Trickser. „Ich weiß auch nicht, wie meine Fingerabdrücke auf die Spielkarten gekommen sind“, behauptet er scheinheilig. „Für mich ist die Sache glasklar“, erwidert Kugelblitz. „Ich bin felsenfest von Ihrer Schuld überzeugt, Herr Trickser. Sie

haben es doch knüppeldick hinter den Ohren. Teddy erwidert: „Das wird ihnen wenig nützen, Herr Kommissar. Meine gezinkten Karten fasse ich nämlich nur mit Handschuhen an." Kugelblitz seufzt erleichtert. Teddy ist zwar ein geschickter Falschspieler, zum Glück aber auch strohdumm. Als der seinen Fehler bemerkt, läuft er feuerrot an.

Weiterführende Anregung

Die Kinder suchen, gegebenenfalls mit Impulsen, weitere Beispiele: riesengroß, steinreich, kinderleicht, sternenklar, wieselflink, blitzschnell, fingerdick, zuckersüß, kreideweiß, butterweich, knochenhart, haushoch, bleischwer, hauchdünn, knietief, schutzbedürftig, kerzengerade, blütenweiß, totenbleich, folgenschwer. Die gefundenen Komposita werden in Sätzen oder einer Reizwortgeschichte verwendet oder in einen Textabschnitt eingefügt, in dem bisher nur einfache Adjektive verwendet wurden.

KV Seite 16

Gegensätze ziehen sich an – Spielkarten

Den meisten Adjektiven kann ein Gegenteil zugeordnet werden, z. B. laut – leise, hell – dunkel, genau – ungenau, sicher – unsicher. Dem Wort „durstig" hingegen kann kein Antonym zugeordnet werden. Sie können die Spielkarten auf verschiedene Weise einsetzen und diese jederzeit selbst ergänzen oder von den Kindern ergänzen lassen. Schneiden Sie die Karten vor dem Spielen aus und laminieren Sie diese gegebenenfalls. Für Variante 1 bietet es sich an, die Karten doppelt zu kopieren, sodass jede zweimal vorkommt. Dadurch wird das Spiel schwieriger.

Variante 1 – „Rocky": Zwei Schüler spielen zusammen. Die Karten werden gemischt, gleichmäßig an beide verteilt und als Stapel verdeckt vor die Kinder hingelegt. Von Spieler 1 wird die oberste Karte abgehoben und offen in die Mitte gelegt. Gespielt wird nun gleichzeitig: Beide Kinder decken Karte um Karte ihres Stapels auf. Sobald das Gegenteil zu der Karte in der Mitte aufgedeckt wird, legt das Kind diese Karte dazu und ruft „Rocky". Hat es richtig abgelegt, darf es das Gegensatzpaar an sich nehmen. Jedes Kind nimmt seine Karten wieder in die Hand. Dann wird die oberste Karte von Spieler 2 aufgedeckt und die zweite Runde beginnt. Wenn die Kinder ihre Karten während einer Runde alle aufgedeckt haben, wird der Stapel einfach wieder umgedreht und weitergespielt. Das Spiel stoppt, wenn ein Kind alle Karten seines Stapels ausgespielt hat. Gewonnen hat, wer die meisten Paare gesammelt hat.

Variante 2 – Memory: Mit den Karten kann nach den üblichen Regeln Memory gespielt werden.

Variante 3 – „Rot": Bereiten Sie eine Karte mit der Beschriftung „rot" vor, die im Aussehen mit den anderen Spielkarten identisch ist. Mit den Karten kann dann nach den üblichen Regeln von „Schwarzer Peter" gespielt werden. Die Karte „rot" ist dabei der Schwarze Peter, da es hierzu kein Gegenteil gibt.

Name:

Wetter? Wechselhaft!

Lies das Gedicht. Unterstreiche anschließend alle Adjektive (Wiewörter).

Regen wild und Nebel dicht,
Schuhe nass und schlechte Sicht,
Wolken schwer und Himmel grau,
klamme Finger, Lippen blau.
Ach, wie fühle ich mich kläglich,
ist das Wetter unerträglich!

Liebe Sonne, zeig dich doch!
Da! Himmel lässt ein kleines Loch!
Straße dampft und mir wird warm,
Pulli aus und nackter Arm.
In den Sand mein großer Zeh
schreibt ein lächelndes .K.

Um zu sagen, wie etwas ist, wie etwas geschieht oder wie man etwas macht, verwendet man **Adjektive.**

Sammle weitere Adjektive und trage sie ein. Benutze ein Wörterbuch.

die liebe, heiße, ________________, ________________ Sonne

die dünnen, ________________, ________________, ________________ Finger

die bequemen, ________________, ________________, ________________ Schuhe

der alte, ________________, ________________, ________________ Pullover

das süße, ________________, ________________, ________________ Eis

der fremde, ________________, ________________, ________________ Löwe

Finde möglichst viele passende Adjektive.

Wie kann der Regen sein? wild, stark, ____

Wie kann das Wetter sein? ____

Wie kann man sich fühlen? ____

Name:

Bei Paul im „Pommes-Palast“

Jedes Adjektiv (Wiewort) passt zu einem bestimmten Absatz. Setze ein. Achte auf die richtigen Endungen!

gut	~~bekannt~~	groß	lang	salzig

Der „Pommes-Palast“ ist ein Schnellimbiss und sehr bekannt. Der bekannte Imbiss liegt nicht weit von der Wache entfernt. Kugelblitz und Sonja Sandmann statten dem ____________ Imbiss einen Besuch ab.

Sonjas Hunger ist ____________. Auch Kommissar Kugelblitz hat ____________ Appetit. Mit ____________ Vorfreude stürzen sich die beiden auf ihr Essen.

Heute schmecken die Pommes allerdings sehr ____________. Zu ____________ Pommes schmecken einfach nicht, auch wenn man Hunger hat! „____________ Essen ist überhaupt nicht gut für meinen Blutdruck“, denkt der Kommissar.

Paul macht ein ____________ Gesicht. Seine Arbeit macht er schon ____________ nicht mehr gern. Wer hätte das gedacht? Schon ____________ denkt er daran, seinen Imbiss zu verkaufen.

„Ich wäre bestimmt ein ____________ Kriminalkommissar geworden“, denkt Paul. „Bei der Kriminalpolizei – das wäre eine ____________ Arbeit für mich. Verbrecher zu jagen, das ist sicher ein ____________ Gefühl!“

Welche Endungen musstest du an die Adjektive anfügen? Schreibe auf.

____

Name:

Schneller als pfeilschnell?

Adjektive (Wiewörter) kann man steigern. Aber es gibt ein paar Ausnahmen, bei denen das Steigern keinen Sinn macht. Sie benutzt man nur in der Grundstufe.

Acht Adjektive lassen sich nicht steigern. Streiche sie durch.

flink | pfeilschnell | flott | schneeweiß | bunt | freundlich | faul

reich | schriftlich | leise | friedlich | grabesstill | laut | lästig

unüberhörbar | lebhaft | krank | tot | fleischlos

staubig | unverkäuflich | fett | vitaminreich | teuer

Schreibe die restlichen Wörter in die Tabelle und steigere sie.

Grundform des Adjektivs	1. Vergleichsstufe	2. Vergleichsstufe

Name: 

Wundersam und rätselhaft, aber lösbar

Bilde Adjektive (Wiewörter). Male dazu die Endungen „-sam“, „-haft“ und „-bar“ in der Tabelle mit verschiedenen Farben an. Markiere die passenden Wortteile in derselben Farbe. Achtung: Ein Wortteil passt bei zwei Endungen!

-sam		-haft		-bar	
genüg-	gewissen-	sicht-	wunder-	gehor-	vorteil-
ernst-	wirk-	schein-	ess-	grauen-	leb-
aufmerk-	schweig-	glaub-	rat-	denk-	lang-
mädchen-	unterhalt-	lös-	sorg-	spar-	trag-

Schreibe die zusammengesetzten Wörter auf die Linien.

Adjektive mit „-sam“: ______________________________

____

____

Adjektive mit „-haft“: ______________________________

____

____

Adjektive mit „-bar“: ______________________________

____

____

Fülle die Lücken sinnvoll. Wähle aus den Adjektiven aus.

______________________ setzt sich Strolch neben Kugelblitz.

Die Operndiva singt ______________________.

Martins neuer Klassenkamerad sitzt ______________________ an seinem Tisch.

______________________ schleicht der Dieb um die Ecke.

Name:

Besuch bei Inspector Brown

Nomen (Namenwörter) werden zu Adjektiven (Wiewörter), wenn man die Endung „-ig“ oder „-lich“ anhängt.

Kreise jeweils die richtige Endung ein und streiche die falsche durch. Schreibe das Adjektiv auf die Linie. Achtung: Adjektive schreibt man klein!

Wind -ig -lich ______

Gier -ig -lich ______

Gefahr -ig -lich ______

Geiz -ig -lich ______

König -ig -lich ______

Lust -ig -lich ______

Glück -ig -lich ______

Freundschaft -ig -lich ______

Hänge an die Nomen die Endungen „-ig“ oder „-lich“ an. Fülle die Lücken. Denke daran: Adjektive schreibt man klein!

Kommissar Kugelblitz wartet in London auf seinen Kollegen Inspector Brown. Das Wetter ist heute nicht (Nebel) ______, sondern ausgesprochen (Sonne) ______. „(Punkt) ______ war er ja noch nie“, schmunzelt der deutsche Kommissar. Dann kommt Brown (Ende) ______. Ihm ist seine Verspätung (Ehre) ______ (Pein) ______. Deshalb lädt er Kugelblitz in eine (Gemüt) ______ Gastwirtschaft ein. „In unseren Pubs gibt es (Herr) ______ Bier“, behauptet er. Kugelblitz findet das englische Bier (Schreck) ______. Zum Glück steht neben ihrem Tisch eine große Topfpflanze … Doch Inspector Brown hat gute Augen. „Lieber Kollege, ich glaube nicht, dass sie (Durst) ______ ist. Das ist doch eine (Kunst) ______ Pflanze.“ Kugelblitz schaut seinen alten Freund überrascht an. Dann müssen beide (Herz) ______ lachen.

Name:

Zusammen sind wir stark

Unterstreiche im folgenden Text die zusammengesetzten Adjektive (Wiewörter). Schreibe sie wie im Beispiel heraus.

Der bärenstarke Oberwachtmeister Fritz Pommes teilt seiner Frau mit, dass er grasgrüne Krawatten hasst. Er vergisst natürlich nicht zu erwähnen, dass sie hingegen bildschön ist.

Adjektive kann man mit Nomen zusammensetzen. Dann werden sie oft „stärker“ oder verändern ihre Bedeutung.

bärenstark: stark wie ein ____________

grasgrün: ____________ wie ____________

bildschön: ____________ wie ein gemaltes ____________

Verbinde folgende Nomen und Adjektive. Setze die neuen Adjektive anschließend passend in die Textlücken ein. Eines bleibt übrig.

der Blitz •	• klar
das Glas •	• dumm
der Aal •	• glatt
das Stroh •	• schnell

der Schein •	• fest
der Felsen •	• dick
das Feuer •	• rot
der Knüppel •	• heilig

Kugelblitz verhört den ____________ Teddy Trickser. „Ich weiß auch nicht, wie meine Fingerabdrücke auf die Spielkarten gekommen sind“, behauptet er ____________. „Für mich ist die Sache ____________“, erwidert Kugelblitz. „Ich bin ____________ von Ihrer Schuld überzeugt, Herr Trickser. Sie haben es doch ____________ hinter den Ohren. Teddy erwidert: „Das wird ihnen wenig nützen, Herr Kommissar. Meine gezinkten Karten fasse ich nämlich nur mit Handschuhen an.“ Kugelblitz seufzt erleichtert.

Teddy ist zwar ein geschickter Falschspieler, zum Glück aber auch ____________. Als der seinen Fehler bemerkt, läuft er ____________ an.

Gegensätze ziehen sich an – Spielkarten

✂

gesund	schmutzig	schlau	schwach
krank	hell	dumm	laut
groß	dunkel	feige	leise
klein	trocken	mutig	alt
sauber	nass	stark	jung

Verben

Vorbemerkung

Verben sagen entweder, was jemand tut, was geschieht, oder sie geben Zustände wieder. Innerhalb eines Satzes bestimmen sie weitgehend über die anderen Funktionsteile: Welche Teile sind noch unbedingt nötig? Welche können hinzukommen? Und in welcher Flexion? Beispiel: Ich kaufte ab. Wem? Ich kaufte dem Nachbarn ab. Was? Ich kaufte dem Nachbarn ein Buch ab. Wann? Nicht erst morgen, wegen des Präteritums.

Das Verb ist der Verwandlungskünstler unter den Wortarten: Ausgehend von der Grundform kann es z. B. in verschiedene Personalformen, Tempusformen und Modi (Indikativ, Imperativ oder Konjunktiv) schlüpfen. Für die Grundschule sind vor allem der Infinitiv, die Personalformen des Indikativs in verschiedenen Zeitformen sowie der Imperativ von Bedeutung.

Rechtschriftlich stellt die Wandlungsfähigkeit der Verben, besonders der sogenannten starken Verben (z. B. nehmen, geben), eine große Herausforderung für die Schüler dar. Der Grammatikunterricht sollte ihnen deshalb die Möglichkeit bieten Regelhaftes zu entdecken sowie Grundlagenwissen für morphematische Rechtschreibstrategien liefern.

Treffende, inhaltsreiche Verben geben Texten erst die Würze. Der aktive Umgang mit bekannten und unbekannten Verben bereichert die Sprache der Kinder in besonderem Maße.

Lehrplanbezug

- Wortfelder zu verschiedenen Verben anlegen
- Wortschatz erweitern
- Konkrete Wortfeldarbeit zum Verb „machen“ durchführen
- Mit Sprache experimentieren
- Verben konjugieren
- Imperativ bilden

Zu den Kopiervorlagen

KV Seite 21

Was tut man nicht alles!

Auf dieser Kopiervorlage wird das Sammeln von Wörtern unter einer bestimmten Vorgabe, eine grundlegende Aufgabe des Sprachunterrichts, aufgegriffen. Die Kinder überlegen sich Tätigkeiten bestimmter Personen, indem sie sich diese vorstellen und geeignete Umschreibungen für deren Handlungen suchen. So werden Wortfelder, also inhaltlich verbundene Gruppen von Wörtern, erstellt. Halten Sie die Kinder dazu an, ein Wörterbuch zu Hilfe zu nehmen. Die Aufgaben können auch in Partner- oder Gruppenarbeit gelöst werden.

Lösung

Aufgaben 1/2:

z. B. Frau Böhm: einen Text diktieren, Blätter austeilen, einen Schüler ermahnen, an das Milchgeld erinnern, Lösungen abfragen, Ausflüge planen, Aufgaben korrigieren, Regeln erklären, einen Streit schlichten, mit Eltern sprechen

Kommissar Kugelblitz: Aussagen protokollieren, Verdächtige beobachten, Ganoven verfolgen, Einbrecher festnehmen, Berichte schreiben, kombinieren

Max Schleicher: einen Komplizen suchen, eine Bank auskundschaften, das Gesicht vermummen, eine Tür aufsprengen, den Code knacken, ein Loch durch die Wand bohren, Geld klauen

Aufgabe 3:

Herr Trinklein: um Essen betteln, schnuppern, bellen, winseln

z. B. weitere: spielen, an jemandem hochspringen, ein Stöckchen apportieren

Berta Bleifuß: Verkehrsregeln missachten, Gas geben, hupen, ungern bremsen

z. B. weitere: Vorfahrt missachten, zu schnell fahren, schimpfen, zu dicht auffahren

Weiterführende Anregungen

- Lassen Sie solche Verbwortfelder zu weiteren Personen (Pippi Langstrumpf, Oma), Berufen (Hausmeister, Tier-

pfleger) oder Tieren erstellen. Ebenso sind Verbsammlungen zu folgenden Fragestellungen möglich: Was kann meine Hand (z. B. streicheln, halten)? Was kann Wasser (z. B. laufen, plätschern, rinnen)? Was macht meine Nase? Was tut der Wind?

- Verben oder Handlungen werden von den Schülern pantomimisch dargestellt und von der Klasse erraten.

KV Seite 22

Ein Verb kann viel machen

Die Wortfelder zu den Verben können mit dieser Kopiervorlage vertieft werden. Erarbeiten Sie das Prinzip vorab mit der Klasse an der Tafel: Jedes Beet ist mit einem Oberbegriff beschriftet. In jedem Beet steckt ein Verb, das „falsch gepflanzt" ist und nicht zu den anderen passt. Diese Verben gehören jeweils auf ein anderes Beet. Leistungsschwächere Schüler können mit einem stärkeren Lernpartner zusammenarbeiten.

Das Verb „machen" ist neben den Modal- und Hilfsverben häufig in Gebrauch. Die Schüler erfahren durch den Text dessen Vielseitigkeit. Manchmal erscheint es unersetzbar und es ist sehr anschaulich (Er macht große Augen). Meist hat man aber die Möglichkeit, treffendere Verben zu wählen, die genauer und aussagekräftiger sind. Die Schüler erfahren: Vieles lässt sich auf verschiedene Arten ausdrücken. Die Aufgabe ist anspruchsvoll. Manche Wendungen sind geläufig und können unverändert stehen bleiben. Bei manchen Änderungen muss der Satz neu formuliert werden. Lösen Sie diese Aufgabe mit lernschwächeren Kindern gemeinsam anhand einer Folie.

Lösung

Aufgabe 1:

sehen: blicken, ~~schlurfen~~, mustern, betrachten, beobachten, schauen, starren

gehen: hopsen, wandern, springen, taumeln, ~~tricksen~~, rennen, schlurfen

sagen: schreien, ~~starren~~, fragen, rufen, verneinen, stammeln, behaupten

betrügen: fälschen, ~~behaupten~~, lügen, tarnen, verschleiern, täuschen, tricksen

Aufgabe 2:

z. B. Martin ~~macht~~ **schließt** sein Federmäppchen ~~zu~~ und macht sich auf den Heimweg. Er ~~macht~~ **schließt** die Haustür ~~mit dem Schlüssel~~ auf. Sie ~~macht quietschende Geräusche~~ **quietscht** beim Öffnen.

Martins Mutter macht bereits das Mittagessen – Bratkartoffeln. Martin ~~macht~~ **setzt** sich an seine Hausaufgaben. Hausaufgaben ~~macht~~ **erledigt** er gerne, außer Rechtschreibung. Die ~~macht~~ **bereitet** ihm große Schwierigkeiten. Martin ~~macht einen Seufzer~~ **seufzt** und ~~macht~~ **klappt** seinen Ordner auf. Er macht große Augen. Hier macht sich doch einer über ihn lustig …

Weiterführende Anregungen

- Erstellen Sie mehrere Beetvorlagen sowie Wortkärtchen zu verschiedenen Wortfeldern, z. B. Verbenbeete zu trinken, basteln, spielen, musizieren, kochen oder Fußball spielen. Verstecken Sie dann jeweils ein falsch gepflanztes Verb in jedem Beet. In einem Mannschaftsspiel finden die Kinder, eingeteilt in Gruppen, jeweils das falsch gepflanzte Verb heraus. Wer findet es am schnellsten?
- Lassen Sie zu einem Oberbegriff eine Verbensammlung anlegen, bei der die Gruppen abwechselnd ein Wort nennen müssen. Die Gruppe, die kein Wort findet, verliert z. B. ein „Leben" oder muss eine Bewegungsaufgabe erledigen. Dabei können jeweils Bewegungen aus den Verbenwortfeldern vorgegeben werden.

KV Seite 23

Knust in der Altstadt

Mithilfe der Fantasieverben wird ein spaßiger Zugang zur Morphologie der Verben geschaffen. Die Freude am Sprachspiel wird gefördert. Zunächst erschließen die Kinder aus dem Kontext die Bedeutung der verfremdeten Verben. Einige tauchen mehrfach auf. Die Fantasiewörter haben in der Grundform die üblichen Endungen „-en", „-ern" und „-eln" sowie in den Personalformen die grammatischen Endungen „-e", „-st", „-t" und „-en". Indem die Schüler eine Vokabelliste für diese Wörter anlegen, wenden sie unbewusst die Regeln der Grammatik an.

Außerdem erfinden die Schüler eigene Fantasieverben und setzen sie in der richtig gebeugten Form ein. Eventuell geben Sie vorab den Impuls, sich einen Wortvorrat anzulegen. Für weniger kreative Kinder empfiehlt sich eine Schritt-für-Schritt-Verfremdung, z. B. fallen, follen, fotten, fotteln: „Er fottelte von der Mauer und trackte sich ein Bein."

Beispiellösung

Aufgabe 2:

pölsen – sitzen, sibbeln – freuen, plausen – klingeln, schebrockern – nehmen, wullern – rufen, beknustern – überfallen, klosipieren – notieren, Anwullerer – Anrufer, Knust – Überfall, reudeln – fahren, trieseln – antworten, girbeln – stehen

Weiterführende Anregung

Lassen Sie die Kinder ihre erfundenen Verben einmal durchkonjugieren. Das macht Spaß und trainiert spielerisch den Umgang mit den Personalformen.

KV Seite 24

Denken erwünscht

Die Begriffe Grundform, Personalform, Wortstamm, Endung und Aufforderungsform werden am Beispiel des Verbs „denken" eingeführt. Es gehört zu den schwachen, also stammtreuen Verben auf „-en" und damit zur morphematisch leichtesten Verbgruppe. Das Wissen um Wortstamm und Endung erleichtert den Schülern die Rechtschreibung, da rechtschriftliche Besonderheiten – einmal erkannt und gelernt – auf die meisten Wörter dieser Familie angewandet werden können.

Lösung

Aufgabe 1:

(...) „Ihr denkt wohl, ich hätte vergessen die Würstchen zu kaufen?", fragt Martin. „Nein", erwidert Lisa, „wir denken, dass jemand hier war." Leonie meint: „Wer könnte das gewesen sein? Leute, denkt nach!" Alle denken angestrengt nach. Nur Pascal denkt an seinen knurrenden Magen. Alex unterbricht die Stille. „Ich denke, wir hätten uns längst mal ein vernünftiges Schloss zulegen sollen." „Aber denkst du", meint Martin, „das schützt vor einem hungrigen Dieb in den eigenen Reihen?" Dabei schaut er Pascal herausfordernd an. „Denk nach, bevor du so etwas sagst!", schimpft Lisa. (...)

Aufgabe 2:

denken: ich denke, du denkst, er/sie/es denkt, wir denken, ihr denkt, sie denken, Denk(e)! Denkt!
gehen: ich gehe, du gehst, er/sie/es geht, wir gehen, ihr geht, sie gehen, Geh(e)! Geht!
rennen: ich renne, du rennst, er/sie/es rennt, wir rennen, ihr rennt, sie rennen, Renn(e)! Rennt!
kleben: ich klebe, du klebst, er/sie/es klebt, wir kleben, ihr klebt, sie kleben, Kleb(e)! Klebt!

Imperativ

Die Aufforderungsform des Verbs (Imperativ) kann für die 2. Person Singular und die 2. Person Plural gebildet werden, z. B. du = Geh! Ihr = Geht! Sie lässt sich von den beiden entsprechenden Personalformen im Präsens ableiten. In der Singularform wird regelhaft die Endung „-st" entfernt: Du gehst. = Geh! Du arbeitest. = Arbeite! Hochsprachlich wird oft noch ein „-e" angefügt: Gehe!

Bei vielen Verben ergibt sich eine Stammänderung: Nimm! Gib! Aber auch hier wird der Imperativ mit der 2. Person Singular gebildet, z.B. nehmen – du nimmst – Nimm!

Der Imperativ-Plural ist dagegen immer identisch mit dem Indikativ: Ihr nehmt bitte reichlich. Nehmt bitte reichlich!

Bei den Verben auf „-eln" gilt der Wegfall des „-e" im Wortstamm, beispielsweise sammle statt sammele, als hochsprachlich in Ordnung. Dagegen ist das „-e" am Ende notwendig und kann nicht weggelassen werden. Es kann also sammele und sammle heißen, aber nicht sammel.

Die Sonderfälle für sein (Sei!), haben (Habe!) und werden (Werde!) werden hier nicht behandelt. Einige Verben haben sinnvollerweise keine Imperativform, z. B. müssen, dürfen und können.

Nach dem Imperativ folgt häufig, jedoch nicht immer, ein Ausrufezeichen. Entscheidend ist, wie nachdrücklich die Aufforderung ist. So wird bei Arbeitsanweisungen beispielsweise darauf verzichtet.

KV Seite 25

Streng geheim!

Der Bezug auf die Du-Form ist bei der Bildung des Imperativs vor allem bei den Verben mit einem Vokalwechsel im Stamm (siehe KV Seite 26) sowie den Verben auf „-eln" und „-ern" hilfreich. Inwieweit man auf das regelhaft angehängte „e" besteht, ist nur in wenigen Fällen unstrittig (z. B. achten – Achte darauf!). Manchmal klingt es ohne „e" natürlicher: „Sag mir, wie alt du bist." Indem die Schüler das anhand unterschiedlicher Verben überprüfen, werden sie zwangsläufig auf Fälle treffen, bei denen sie – und auch Erwachsene – unsicher sind und bei denen im täglichen Gebrauch häufig Fehler gemacht werden. Das ist echte Sprachforscherarbeit!

Lösung

Verstecke dich dann hinter den Holundersträuchern!
Warte auf mein Zeichen!
Arbeite dich dann langsam zum See vor!
Beobachte verdächtige Bewegungen am Steg!
Versuche, dir alle Einzelheiten zu merken!
Alarmiere mich mit dem verabredeten Signal!
Tue nichts Unüberlegtes!
Bewahre deinen Freunden gegenüber Stillschweigen!

KV Seite 26

Vollkommene Tischmanieren

Starke Verben zeichnen sich dadurch aus, dass sie sich beim Konjugieren im Wortstamm verändern. Diese Besonderheit kann den Schülern auch bei der Bildung des Imperativs Probleme bereiten. Statt: „Nimm dir nicht so viel!“ heißt es dann fälschlicherweise „Nehme dir nicht so viel!“ Klären Sie die Schwierigkeit der Imperativbildung vorab an der Tafel und erläutern Sie die Wirksamkeit der Ableitungsregel, z.B. mit werfen – du wirfst – Wirf! Treten – du trittst – Tritt! Halten Sie die Schüler dazu an, für die Imperativform von der Du-Form auszugehen und die grammatische Endung „-st“ wegzulassen: du nimmst → Nimm!

Zusätzlich werden die Kinder dazu angeregt, schlechte Tischmanieren zu erfinden. Kleine Veränderungen der vorgegebenen Lückensätze können die gut gemeinte Wirkung in ihr Gegenteil verkehren. Wer erfindet die lustigste Schlechte-Manieren-Regel?

Lösung

Aufgabe 1:

werfen – du wirfst – Wirf!
sprechen – du sprichst – Sprich!
treffen – du triffst – Triff!
stehlen – du stiehlst – Stiehl!
geben – du gibst – Gib!
nehmen – du nimmst – Nimm!
sehen – du siehst – Sieh!
befehlen – du befiehlst – Befiehl!
lesen – du liest – Lies!
brechen – du brichst – Brich!

Die Formen „Verdirb!“ und „Iss!“ bleiben übrig.

Aufgabe 2:

z. B. Sieh gut hin, wenn Opa sein Gebiss verliert.
Du liest bitte schon mal die Speisekarte. Lies bitte schon mal die Fernsehzeitung!
Du sprichst nicht mit vollem Mund. Sprich nur mit vollem Mund!
Du spielst nicht mit dem Essen herum. Spiel beim Essen Mundharmonika!
Du vergisst auf keinen Fall „Bitte“ und „Danke“ zu sagen. Vergiss auf keinen Fall zu rülpsen!

Weiterführende Anregung

Halten Sie die Schüler dazu an, im (Schul-)Alltag auf die Bildung und Verwendung des Imperativs bei Schülern und Lehrern zu achten. Gegebenenfalls legen die Schüler eine Liste darüber an, wer welche Befehle ausspricht. Es kann auch jedem Schüler eine bestimmte Person zugeteilt werden, die dann für einen Tag oder eine Woche „abgehört“ wird. Die Ergebnisse werden anschließend im Klassenplenum besprochen.

KV Seite 27

Verben-Steckbrief

Der Verben-Steckbrief kann episodisch eingesetzt werden oder ein Kernstück der Spracharbeit im 3. und 4. Schuljahr bilden. Er strukturiert – exemplarisch – die grundschulrelevanten Aspekte der Wortart Verb, sichert den Umgang mit den Fachbegriffen und vertieft das morphematische Regelwissen über die verschiedenen Verbtypen. Werden Wörter für einen Rechtschreibtext geübt, bietet er eine Übungsform für die Verben des Textes. Sie können den Steckbrief schon einsetzen, auch wenn noch nicht alle Punkte bearbeitet werden können. Dann gibt er den Kindern eine Vorschau auf das zukünftig noch zu Lernende. Am besten legen die Schüler für die Steckbriefe einen separaten Hefter an, den sie für selbstständiges Üben heranziehen können. Nach und nach werden die Verben ergänzt und nach gemeinsamem Bauplan geordnet. Der Steckbrief des „Verbs der Woche“ wird ausgehängt und in einem „Verhör“ abgefragt. Bei der Frage nach Familienangehörigen tragen die Schüler Wörter aus der Wortfamilie ein. Bei der Spalte Gefahreneinschätzung reflektieren die Kinder auf humorvolle Weise das grammatikalische Schwierigkeitsniveau des Verbs.

Name:

Was tut man nicht alles!

Überlege, was die drei Personen bei ihrer Arbeit tun. Ergänze.

Frau Böhm, Martins Klassenlehrerin: etwas an die Tafel schreiben, eine Geschichte vorlesen, ______________________________

____

Kommissar Kugelblitz: Zeugen befragen, ______________________________

____

Max Schleicher, Tresorknacker: sein Werkzeug pflegen, ______________________________

____

Unterstreiche bei allen Handlungen die Verben (Tunwörter).

Welche der folgenden Handlungen passen zu wem? Ordne richtig in die Tabelle ein. Ergänze weitere Tätigkeiten.

um Essen betteln | Verkehrsregeln missachten | schnuppern | bellen | Gas geben | hupen | winseln | ungern bremsen

Herr Trinklein, Lisas Hund	Berta Bleifuß, Verkehrsrowdy

Name:

Ein Verb kann viel machen

Kugelblitz' Gartenfreund Pirelli ist bestürzt. In jedem Beet befindet sich ein falsches Wort.

Streiche jeweils das unpassende Verb (Tunwort) durch und verpflanze es.

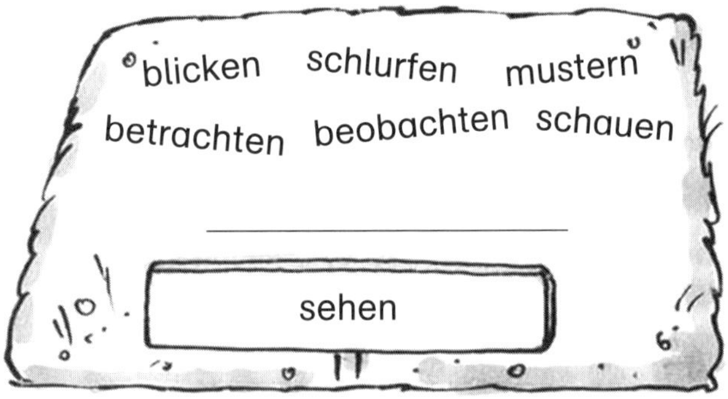

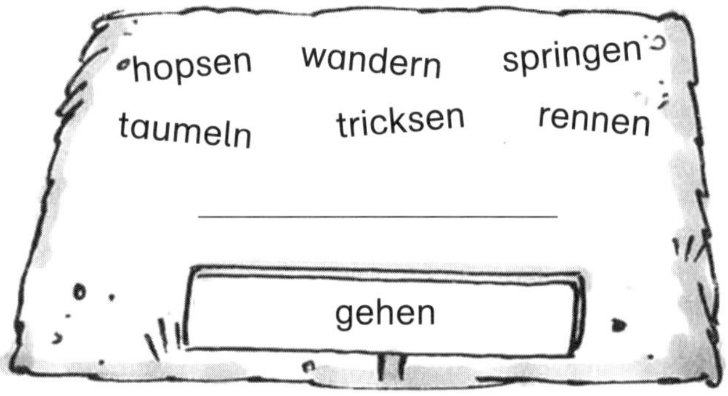

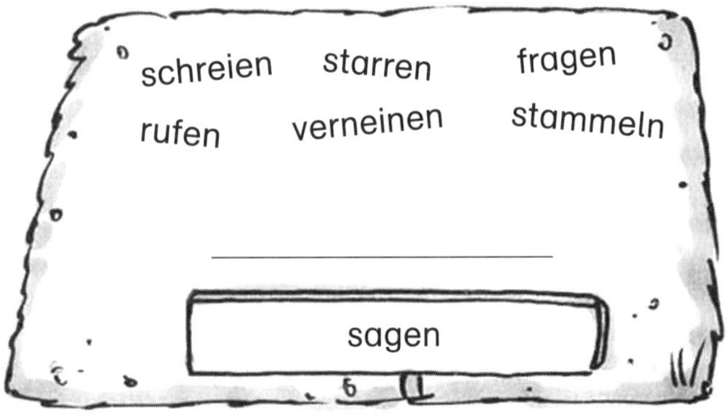

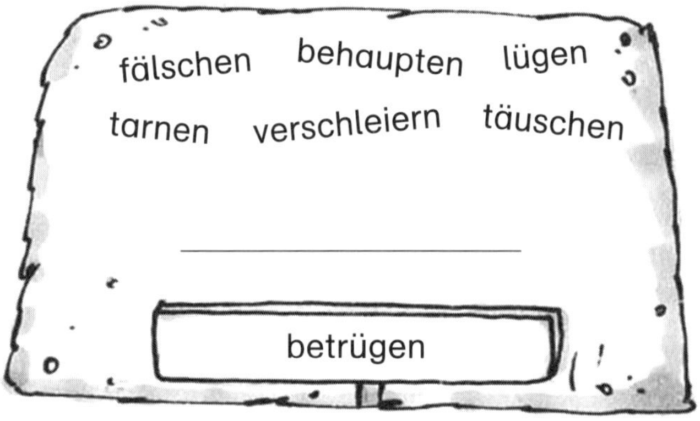

Lies den Text. Suche alle Formen von „machen“ und unterstreiche sie farbig. Ersetze die Verben und Wendungen, wo es nötig ist, damit der Text besser lesbar wird.

Martin macht sein Federmäppchen zu und macht sich auf den Heimweg. Er macht die Haustür mit dem Schlüssel auf. Sie macht quietschende Geräusche beim Öffnen. Martins Mutter macht bereits das Mittagessen – Bratkartoffeln. Martin macht sich an seine Hausaufgaben. Hausaufgaben macht er gerne, außer Rechtschreibung. Die macht ihm große Schwierigkeiten. Martin macht einen Seufzer und macht seinen Ordner auf. Er macht große Augen. Hier macht sich doch einer über ihn lustig:

Ein Verb kann viel machen

Martin macht sein Federmäppchen zu …

Name:

Knust in der Altstadt

Lies den Geschichtenanfang. Welche Wörter klingen fremd? Unterstreiche.

Kommissar Kugelblitz pölst in seinem Büro. Er sibbelt sich auf seinen Feierabend. Da plaust das Telefon. Kugelblitz schebrockert den Hörer ab. „Alarm!“, wullert eine Stimme aus dem Hörer. „Der Juwelierladen Gold & Söhne ist gerade beknustert worden!“ Kugelblitz klosipiert sich die Adresse und den Namen des Anwullerers und wullert Sonja Sandmann zu: „Knust in der Altstadt. Reudelst du?“ Sonja triestelt: „O.k., ich reudele!“ Sie schebrockert sich den Schlüssel. Der Einsatzwagen girbelt vor der Tür.

Kannst du erraten, was ein Knust sein könnte? Und was bedeuten all die anderen merkwürdigen Wörter? Notiere hier deine „Vokabelliste“. Fülle aus und ergänze.

pölsen – ______________ ______________ – ______________

sibbeln – ______________ ______________ – ______________

plausen – ______________ ______________ – ______________

schebrockern – ______________ ______________ – ______________

wullern – ______________ ______________ – ______________

beknustern – ______________ ______________ – ______________

So könnte die Geschichte weitergehen. Trage eigene Unsinnswörter ein.

Sonja ______________ (startet) schon den Wagen, als Kugelblitz endlich ______________ (ankommt).

Er ______________ (schnauft). Das Auto ______________ (brettert) um die Ecke. Sonja ______________ (stellt) das Blaulicht an. Sie ______________ (fahren) über eine rote Ampel.

Kugelblitz ______________ (treten) Schweißperlen auf die Stirn. Endlich …

Setze die Geschichte in deinem Heft fort. Verwende Unsinnswörter.

Name: 

Denken erwünscht

Fülle die Lücken. Trage jeweils die passende Form des Verbs (Tunworts) „denken“ ein.

Martin hat für eine Feier im Clubhaus Würstchen besorgt. Die sind weg, als die Spürnasen eintreffen. „Ihr ____________ wohl, ich hätte vergessen, die Würstchen zu kaufen?“, fragt Martin. „Nein“, erwidert Lisa, „wir ____________, dass jemand hier war.“ Leonie meint: „Wer könnte das gewesen sein? Leute, ____________ nach!“ Alle ____________ angestrengt nach. Nur Pascal ____________ an seinen knurrenden Magen. Alex unterbricht die Stille. „Ich ____________, wir hätten uns längst mal ein vernünftiges Schloss zulegen sollen.“ „Aber ____________ du“, meint Martin, „das schützt vor einem hungrigen Dieb in den eigenen Reihen?“ Dabei schaut er Pascal herausfordernd an. „____________ nach, bevor du so etwas sagst!“, schimpft Lisa. „Bei den Spürnasen gibt es keinen Dieb!“ Oder etwa doch?

Jedes Verb hat eine **Grundform** (z. B. *denken*).
Daraus leitet man die **Personalformen** ab (z. B. er *denkt*, sie *denken*).
Es gibt auch zwei **Aufforderungsformen** (*Denke!/Denkt!*).
Der **Wortstamm** bleibt dabei immer gleich *(-denk-)*.

Welche Formen findest du zu den Wortstämmen „denk“, „geh“, „renn“ und „kleb“? Schreibe ins Heft.

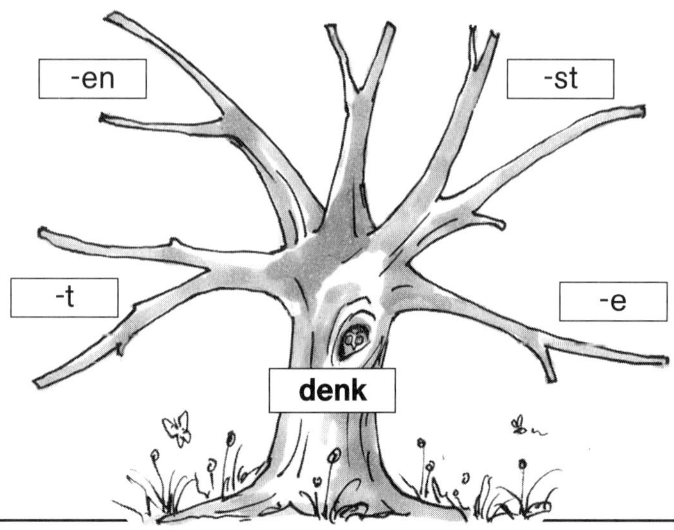

denken:
ich denke
du denkst
er/sie/es ____________

____

____

____

____

Name:

Streng geheim!

Kommissar Kugelblitz benötigt Martin für ein nicht-dienstliches geheimes Beobachtungskommando. Zu Beginn erteilt er ihm alle wichtigen Anweisungen.

Bilde jeweils die direkte Aufforderungsform. Die du-Form hilft dir dabei.

Schritt 1: Entferne das „-st“ von der du-Form des Verbs (Tunworts).
Schritt 2: Füge ein „-e“ an den Wortstamm an.
Bei einigen Verben kannst du auf Schritt 2 verzichten.

sich verkleiden: Du verkleidest dich als Skater.

Verkleide dich als Skater!

sich verstecken: Du versteckst dich dann hinter den Holundersträuchern.

____

warten: Du wartest auf mein Zeichen.

____

vorarbeiten: Du arbeitest dich dann langsam zum See vor.

____

beobachten: Du beobachtest verdächtige Bewegungen am Steg.

____

versuchen: Du versuchst, dir alle Einzelheiten zu merken.

____

alarmieren: Du alarmierst mich mit dem verabredeten Signal.

____

tun: Du tust nichts Unüberlegtes.

____

bewahren: Du bewahrst deinen Freunden gegenüber Stillschweigen.

____

Name:

Vollkommene Tischmanieren

Bei einigen Verben (Tunwörtern) verändert sich beim Imperativ (Aufforderungsform) der Vokal im Wortstamm, z. B. helfen, du hilfst, Hilf!

Finde immer die drei Verbformen, die zusammengehören. Male sie jeweils mit einer Farbe an. Wenn du alles richtig machst, entsteht ein Muster.

werfen / sprechen	Wirf! / du sprichst	du triffst / Stiehl!	treffen / du gibst
du wirfst / Sprich!	Verdirb! / du stiehlst	Triff! / geben	nehmen / Gib!
du siehst / stehlen	sehen / du befiehlst	Nimm! / Iss!	du liest / Brich!
Sieh! / befehlen	du nimmst / Befiehl!	lesen / du brichst	Lies! / brechen

Verwandle jeden Satz in eine direkte Aufforderung. Du darfst aus der Gute-Manieren-Anweisung eine Schlechte-Manieren-Anweisung machen. Schreibe ins Heft.

~~helfen~~ | ~~sehen~~ | sprechen | lesen | spielen | vergessen

Du hilfst fleißig den Tisch zu decken. – Hilf fleißig, den Tisch zu verdrecken.

Du siehst gut hin, wenn Opa dir das Besteck erklärt. – Sieh gut hin, wenn ...

Du ______________________ bitte schon mal die Speisekarte.

Du ______________________ nicht mit vollem Mund.

Du ______________________ nicht mit dem Essen herum.

Du ______________________ auf keinen Fall „Bitte“ und „Danke“ zu sagen.

Verben-Steckbrief

Name ______________________
Grundform

-en   -eln   -ern
Zutreffendes einkreisen

Imperativ

____
Aufforderungsform von du

Präsens (Gegenwartsform)

ich ______________________ wir ______________________
du ______________________ ihr ______________________
er/sie/es ______________________ sie ______________________

grammatische Endung markieren

Imperativ

____
Aufforderungsform von ihr

Präteritum (1. Vergangenheitsform)

ich ______________________ wir ______________________
du ______________________ ihr ______________________
er/sie/es ______________________ sie ______________________

Perfekt (2. Vergangenheitsform)

ich ______________________
wir ______________________

Familienangehörige ______________________

Gefahreneinschätzung
Zutreffendes ankreuzen

- ☐ Gangsterboss (hochgefährlich)
- ☐ treuloser Geselle (unzuverlässig)
- ☐ kleiner Fisch (leicht auszurechnen)

Verben-Steckbrief

Name ______________________
Grundform

-en   -eln   -ern
Zutreffendes einkreisen

Imperativ

____
Aufforderungsform von du

Präsens (Gegenwartsform)

ich ______________________ wir ______________________
du ______________________ ihr ______________________
er/sie/es ______________________ sie ______________________

grammatische Endung markieren

Imperativ

____
Aufforderungsform von ihr

Präteritum (1. Vergangenheitsform)

ich ______________________ wir ______________________
du ______________________ ihr ______________________
er/sie/es ______________________ sie ______________________

Perfekt (2. Vergangenheitsform)

ich ______________________
wir ______________________

Familienangehörige ______________________

Gefahreneinschätzung
Zutreffendes ankreuzen

- ☐ Gangsterboss (hochgefährlich)
- ☐ treuloser Geselle (unzuverlässig)
- ☐ kleiner Fisch (leicht auszurechnen)

Zeitformen

Vorbemerkung

Dieser Abschnitt lenkt die Aufmerksamkeit auf die drei Zeitstufen Vergangenheit, Gegenwart und Zukunft sowie auf verschiedene Zeitformen.

Eine Zeitstufe wird nicht nur durch Zeitformen signalisiert, sondern auch durch andere sprachliche Mittel (Zeitangaben, inhaltliche Hinweise). Außerdem können die Zeitstufen Vergangenheit und Zukunft durch jeweils mehrere Zeitformen und sogar durch das Präsens ausgedrückt werden. Letzteres ist eine sehr universelle Zeitform: „Berlin im Jahr 1945. Der Krieg ist aus. Die Menschen in Deutschland hungern, anders als heute, wo es Essen im Überfluss gibt.“

Lehrplanbezug

- Signale für die Zeitstufe Vergangenheit entdecken
- Verben im Präteritum erkennen
- Veränderungen des Verbs kennen und richtig gebrauchen
- Signale für die Zeitstufe Gegenwart entdecken
- Verben im Präsens erkennen
- Präsensformen in die entsprechenden Präteritumsformen umwandeln und umgekehrt
- Die Bildung der Zeitform Perfekt üben
- Ein Gedicht vom Präteritum ins Perfekt setzen
- Die Zukunftsform Futur 1 kennenlernen und anwenden
- Mit dem Verbenspiel die verschiedenen Zeitformen trainieren

Zu den Kopiervorlagen

Exkurs
Das Plusquamperfekt taucht in den Lehrplänen der Grundschule nicht auf und ist somit eigentlich nicht Gegenstand der Grundschularbeit. Allerdings gibt es Gründe, diese Zeitform in der 4. Klasse nicht stillschweigend auszuklammern, sondern in differenzierter Weise auf seine Merkmale und Verwendung hinzuweisen: Da das Plusquamperfekt mit dem Partizip gebildet wird, wie es auch in der Perfektform vorkommt, kann man es einerseits leicht lernen, andererseits auch leicht verwechseln.

KV Seite 32

Kriminalpolizei früher
Die Kinder suchen Wörter im Text, die auf die entsprechende Zeitstufe hinweisen. Auch die Verben im Präteritum oder Präsens sagen ihnen automatisch, dass das Gelesene bereits vergangen ist oder gerade passiert. Die Formen selbst sind ihnen durch Erzähl- und Leseerfahrungen in der Regel geläufig. Sie verwenden sie meist intuitiv richtig. Nun wird das Bewusstsein dafür geschärft.

Lösung
Aufgaben 1/2:
Vor mehr als hundert Jahren **war** die Arbeit der Kriminalpolizei sehr schwierig. Die Polizei **besaß** damals nur wenige Beweismöglichkeiten für ein Verbrechen und **benötigte** viel Glück und Scharfsinn. Entweder **erwischte** man den Täter auf frischer Tat oder man **brauchte** verlässliche Zeugen. Oft **kamen** in jener Zeit aber auch Unschuldige ins Gefängnis. Viele Spuren am Tatort **erkannten** die Kriminalisten noch nicht. Die Polizeibehörden in verschiedenen Teilen Deutschlands **arbeiteten** noch nicht so gut zusammen wie heute. Die Nutzung der Fotografie, z. B. für das Anlegen einer Verbrecherkartei, **stand** zu Beginn des letzten Jahrhunderts erst am Anfang. Auch Medizin, Physik und Chemie **hielten** erst allmählich Einzug in die tägliche Arbeit.

Aufgabe 3:
damals, früher, vor vielen Jahren, gestern, vor einem Jahr, in jener Zeit, einst

Kriminalpolizei heute

Das Präsens ist den Schülern bekannt und am geläufigsten. Auch vergangene Erlebnisse oder allgemeingültige Aussagen können im Präsens erzählt werden. Wie für die Vergangenheitsform gibt es hier ebenfalls Hinweiswörter.

Lösung

Aufgaben 1/2:

Heute **ist** die Polizeiarbeit sehr wissenschaftlich. Polizisten **studieren** manchmal sogar das Fach Kriminaltechnik an einer Fachhochschule. Es **gibt** an einem Tatort viele Spuren. Die Experten **untersuchen** alles gründlich. Täter, Opfer, Zeugen und Unbeteiligte **hinterlassen** Hautschuppen, Haare und Fingerabdrücke. Selbst kleine Schweißpartikel **geben** mittlerweile wichtige Hinweise. Das **macht** die Arbeit für den Kriminalisten der Gegenwart oft kompliziert und mühsam. Momentan **streitet** man über den Einsatz von Überwachungskameras an öffentlichen Plätzen. Computer **erfassen** Straftäter oft über Ländergrenzen hinweg. Die Polizeibehörden **arbeiten** international zusammen. Aber auch Verbrecher **bedienen** sich der modernen Technik unserer Zeit. Darum **braucht** ein Kriminalist auch heutzutage eine gute Spürnase.

Aufgabe 3:

heute, jetzt, momentan, derzeit, gegenwärtig, gerade

Weiterführende Anregung

Die Kinder untersuchen Sachtexte aus Geschichtsbüchern. Oftmals wird hier das Präsens benutzt. Trotzdem wird an sprachlichen Hinweisen deutlich, dass es sich um Berichte über Vergangenes handelt, wie z. B. durch die Überschrift: „Leben im Mittelalter". Genauso können fiktionale Texte aus dem Lesebuch auf die Zeitstufe hin untersucht werden. Die Schüler werden feststellen, dass viele Geschichten im Präsens verfasst werden.

Edes missratener Tag

Auf dieser Kopiervorlage geht es darum, die Verben von der einen Zeitform in die andere umzuwandeln (Präsens – Präteritum). Die Zeitformen müssen immer wieder und auf vielfältige Weise geübt werden. Da immer zwei Sätze zusammengehören und darin beide Zeitformen verwendet werden, können sich die Schüler diese aneignen und verinnerlichen.

Lösung

Normalerweise steht Ede pünktlich um 10 Uhr auf, um sein Tagewerk zu beginnen. Gestern stand er erst um kurz vor zwölf auf.

Sein Wecker ist eigentlich absolut zuverlässig. Gestern war er es leider nicht.

Ede nimmt sich gerne Zeit für sein Frühstück und liest die Zeitung. Gestern nahm er nicht einmal die Zeitung aus dem Briefkasten und las deswegen sein Horoskop nicht.

Er fährt gewöhnlich mit dem Fahrrad zur Arbeit. Gestern fuhr Ede mit dem Auto, um die verlorene Zeit aufzuholen.

Sein Auto hält ihm seit fast zwanzig Jahren die Treue. Gestern hielt Ede auf einmal das Lenkrad in der Hand.

Zu seinen Terminen kommt Ede stets pünktlich. An diesem verflixten Tag kam er zu spät und die Bank hatte schon Mittagspause.

Ede trifft sich während der Arbeit nie mit seiner Freundin. Gestern traf er sie – in Begleitung eines Bekannten.

Normalerweise geht Ede dem Kommissar nicht so leicht ins Netz. Doch an diesem Tag ging er ihm direkt in die Falle.

Kugelblitz schnappt nicht jeden Tag zwei Ganoven auf einmal. Gestern schnappte er sich gleich Ede und dessen Freundin.

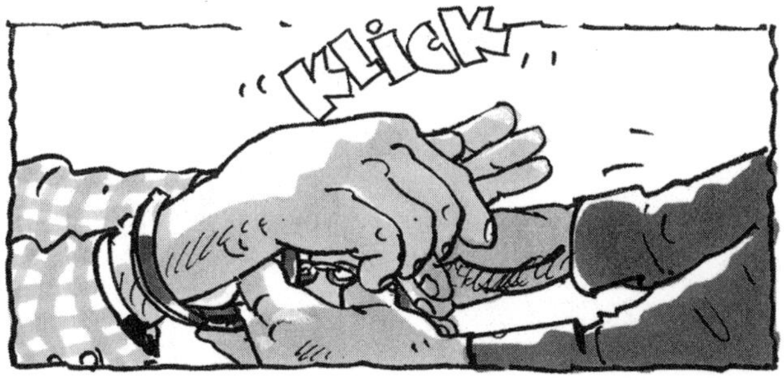

Einfach Perfekt

Das Perfekt setzt sich aus zwei Teilen zusammen, auf die bei der Bildung geachtet werden muss: Die Hilfsverben „haben" und „sein" in der richtigen Personalform und das aussagende Verb als Partizip II. Das wird auf der Kopiervorlage geübt. Bei der Verwendung von „haben" oder „sein" gibt es Ausnahmen und regionale Unterschiede, auf die bei Bedarf eingegangen werden sollte. So sagt man z. B. in Süddeutschland „Ich bin dort gesessen", in anderen Gegenden „Ich habe dort gesessen".

Lösung
Aufgabe 1:
du hast gehört, er hat gehört, wir haben gehört, ihr habt gehört, sie haben gehört

Aufgabe 2:
ich habe gelesen, ich bin gegangen, ich bin gefahren, ich bin geschwommen, ich habe geredet, ich habe telefoniert, ich bin gekommen, ich habe gemalt, ich habe gekocht, ich bin gesprungen, ich bin aufgewacht

Aufgabe 3:
z. B. Das Perfekt wird meist mit „sein" gebildet, wenn es um Verben der Bewegung geht, also ein Ortswechsel vorgenommen wird, z. B. gehen, fahren, schwimmen. Auch bei einer Veränderung des Zustands wird „sein" verwendet, z. B. aufwachen, verwelken.

KV Seite 36

Ein Hundstag
Hier wird die Stellung des Prädikats im Perfekt (Der Hund fraß sein Futter. Der Hund hat sein Futter gefressen.) spielerisch in den Blick genommen. Durch die Umwandlung der Zeitform bekommt das Gedicht erst Reim und Rhythmus, das Partizip II wird zum Reimwort. Zwei Verse der dritten Strophe stehen im Präsens und müssen nicht umgewandelt werden. Wenn Sie das Aufgabenformat zuvor im Plenum besprechen wollen, bietet sich folgender Vierzeiler an:

Der Fuchs riss heut die Gans.
Der Hofhund biss den Fuchs.
Dann nahm er sich die Gans.
Der Fuchs bekam gar nichts ab.

Der Fuchs hat heut die Gans gerissen.
Der Hofhund hat den Fuchs gebissen.
Dann hat er sich die Gans genommen.
Der Fuchs hat gar nichts abbekommen.

Lösung
Aufgabe 2:
Gedicht im Präteritum

Herr Trinklein fraß heut seine Wurst nicht
Dabei vergaß er sie sonst nie
Er stellte sich unter den Sprenger
Und bellte noch nicht einmal

Dann trank er zwei Eimer voll Wasser
Und sank zurück auf sein Kissen
Im Traume roch er ein Kaninchen
Da kroch er im Schlaf aus dem Schatten

Bis drei lag er schlummernd da –
Ganz ohne sich zu bewegen
Die Sonne kannte keine Gnade
Doch kriegen Hunde auch Sonnenbrand?

Gedicht im Perfekt

Herr Trinklein hat heut seine Wurst nicht gefressen
Dabei hat er sie sonst nie vergessen
Er hat sich unter den Sprenger gestellt
Und hat noch nicht einmal gebellt

Dann hat er zwei Eimer voll Wasser getrunken
Und ist zurück auf sein Kissen gesunken
Im Traume hat er ein Kaninchen gerochen
Da ist er im Schlaf aus dem Schatten gekrochen

Bis drei hat er schlummernd dagelegen –
Ganz ohne sich zu bewegen
Die Sonne hat keine Gnade gekannt
Doch kriegen Hunde auch Sonnenbrand?

KV Seite 37

Gute Vorsätze sind nicht schwer
Die Schüler bilden hier Futur-1-Sätze. Die Aufgabenstellung fordert auch die Kreativität, da sie sich eigene Sätze ausdenken dürfen. Welche guten Vorsätze könnten die Personen aussprechen? Schließlich müssen die drei Zeitformen Präsens, Perfekt und Futur 1 unterschieden werden.

Vertiefend können für die Verben der Seite Verbensteckbriefe angelegt werden (siehe KV Seite 27). Unregelmäßige Verbformen müssen dauerhaft und regelmäßig geübt werden, damit die Kinder sie sicher speichern und verinnerlichen können.

Lösung
Aufgabe 1:
z. B. Kommissar Kugelblitz: „Ich werde für den Rest des Jahres weniger naschen."
Martin und Lisa: „Wir werden unsere Hausaufgaben ab sofort zügig erledigen."
Herr Trinklein: „Ich werde sie ab heute nicht mehr jagen."
Fritz Pommes: „Ich werde an Dienstagen nie wieder den Mitternachtsspielfilm ansehen."
Gräfin Grimelli: „Du wirst hier bestimmt keine Langeweile haben."

Aufgabe 2:
Orange: Hund Strolch ist durch den Garten gesprungen. Kommissar Kugelblitz hat den Betrüger durchschaut. Martins Lehrerin hat die Klassenarbeit schon benotet.

Gelb: Vampir Viktor ist durstig. Der Räuber wehrt sich bei der Festnahme.

Blau: Martin wird sein Zimmer aufräumen. Sonja Sandmann wird für zwei Wochen verreisen.

Weiterführende Anregung
Sammeln Sie mit den Kindern unregelmäßige Verbformen und lassen Sie damit kleine Raps erstellen und einüben, die pantomimisch begleitet werden können. Das Grundkonzept dafür könnte etwa so aussehen:
reiten – ritt – geritten
schneiden – schnitt – geschnitten
er misst – er maß – ja, er hat gemessen
er vergisst es – vergaß es – dann hat er's vergessen
wir rieten – wir raten – wir haben geraten
wir vollbrachten so manche Heldentaten
Refrain: Diese Verben haben eine Form, die ist ganz enorm: Verben im Präsens, Perfekt oder Futur 1 – Schwierigkeiten macht uns keins!

KV Seite 38

Allein unter Verben
Dieses Verbenspiel lehnt sich an die Regeln von „Schiffe versenken" an und übt spielerisch die verschiedenen Personalformen in den unterschiedlichen Zeitformen. Der Umgang mit einem Koordinatensystem sollte schon bekannt sein. Ziel des Spiels ist es, alle Verben des Partners abzufragen und in der richtigen Form zu nennen. Für jede richtige Antwort darf der jeweilige Spieler ein Kreuz setzen. Da das Spiel aufgrund der Anzahl der Kästchen und je nach Wissensstand der Kinder länger dauern kann, können Sie auch eine Spalte oder mehrere Zeilen vor dem Kopieren abdecken. Die Schüler entscheiden selbst, welche Zeitformen sie üben wollen. Sie können dies jedoch auch steuern, indem Sie die Zeitformen vor dem Austeilen bereits eintragen. Das Jokerfeld macht das Spiel zusätzlich spannend, da man dieses nur durch Zufall treffen kann. So haben beide Spieler die Chance zu gewinnen, sodass auch leistungsschwächere mit lernstarken Schülern zusammenspielen können. Das Spiel eignet sich für die Freiarbeit während des gesamten Schuljahres, da es mit verschiedenen Zeitformen und Verben gespielt werden kann.

Name:

Kriminalpolizei früher

In jedem Satz findest du einen oder mehrere Hinweise darauf, dass hier von etwas Vergangenem berichtet wird. Unterstreiche diese Hinweise.

Vor mehr als hundert Jahren war die Arbeit der Kriminalpolizei sehr schwierig. Die Polizei besaß damals nur wenige Beweismöglichkeiten für ein Verbrechen und benötigte viel Glück und Scharfsinn. Entweder erwischte man den Täter auf frischer Tat oder man brauchte verlässliche Zeugen. Oft kamen in jener Zeit aber auch Unschuldige ins Gefängnis. Viele Spuren am Tatort erkannten die Kriminalisten noch nicht. Die Polizeibehörden in verschiedenen Teilen Deutschlands arbeiteten noch nicht so gut zusammen wie heute. Die Nutzung der Fotografie, z.B. für das Anlegen einer Verbrecherkartei, stand zu Beginn des letzten Jahrhunderts erst am Anfang. Auch Medizin, Physik und Chemie hielten erst allmählich Einzug in die tägliche Arbeit.

Sicher hast du auch die Verben (Tunwörter) in jedem Satz unterstrichen. Sie stehen in einer Vergangenheitsform, die man Präteritum nennt. Schreibe alle Hinweise heraus.

Verben im Präteritum: ______________________________

____

____

Andere Hinweise auf die Zeitstufe Vergangenheit: ______________________________

____

____

Finde Hinweise für Vergangenes in der Wörterschlange. Trenne sie durch einen Strich ab und schreibe sie auf die Linie.

DAMALS|FRÜHERVORVIELENJAHRENGESTERNVOREINEMJAHRINJENERZEITEINST

____

____

Name:

Kriminalpolizei heute

In jedem Satz findest du einen oder mehrere Hinweise darauf, dass hier über die Gegenwart berichtet wird. Unterstreiche diese Hinweise.

Heute ist die Polizeiarbeit sehr wissenschaftlich. Polizisten studieren manchmal sogar das Fach Kriminaltechnik an einer Fachhochschule. Es gibt an einem Tatort viele Spuren. Die Experten untersuchen alles gründlich. Täter, Opfer, Zeugen und Unbeteiligte hinterlassen Hautschuppen, Haare und Fingerabdrücke. Selbst kleine Schweißpartikel geben mittlerweile wichtige Hinweise. Das macht die Arbeit für den Kriminalisten der Gegenwart oft kompliziert und mühsam. Momentan streitet man über den Einsatz von Überwachungskameras an öffentlichen Plätzen. Computer erfassen Straftäter oft über Ländergrenzen hinweg. Die Polizeibehörden arbeiten international zusammen. Aber auch Verbrecher bedienen sich der modernen Technik unserer Zeit. Darum braucht ein Kriminalist auch heutzutage eine gute Spürnase.

Sicher hast du auch die Verben (Tunwörter) in jedem Satz unterstrichen, denn diese stehen im Präsens (Gegenwart). Schreibe alle Hinweise heraus.

Verben im Präsens: ______________________________

____

____

Andere Hinweise auf die Zeitstufe Gegenwart: ______________________________

____

Finde die Hinweise für die Gegenwart. Schreibe jeden Begriff einmal auf.

HEUTEHEUTEHEUTE ______________

JETZTJETZTJETZTJETZT ______________

MOMENTANMOMENTAN ______________

ZEITDERZEITDERZEITDER ______________

GEGENWÄRTIGGEGENWÄRTIG ______________

GERADEGERADEGERADE ______________

Name: 

Edes missratener Tag

Normalerweise <u>geht</u> es Ede gut. Gestern aber ging alles schief …

Im ersten Satz steht das Verb (Tunwort) immer im Präsens (Gegenwartsform). Unterstreiche es. Im jeweils folgenden Satz brauchst du dieses Verb im Präteritum (1. Vergangenheit). Nimm dein Wörterbuch zu Hilfe.

Normalerweise <u>steht</u> Ede pünktlich um zehn Uhr auf, um sein Tagewerk zu beginnen.

Gestern ____________ er erst um kurz vor zwölf auf.

Sein Wecker ist eigentlich absolut zuverlässig.

Gestern ____________ er es leider nicht.

Ede nimmt sich gerne Zeit für sein Frühstück und liest die Zeitung.

Gestern ____________ er nicht einmal die Zeitung aus dem Briefkasten

und ____________ deswegen sein Horoskop nicht.

Er fährt gewöhnlich mit dem Fahrrad zur Arbeit.

Gestern ____________ Ede mit dem Auto, um die verlorene Zeit aufzuholen.

Sein Auto hält ihm seit fast zwanzig Jahren die Treue.

Gestern ____________ Ede auf einmal das Lenkrad in der Hand.

Zu seinen Terminen kommt Ede stets pünktlich.

An diesem verflixten Tag ____________ er zu spät und die Bank hatte schon Mittagspause.

Ede trifft sich während der Arbeit nie mit seiner Freundin.

Gestern ____________ er sie – in Begleitung eines „schnauzbärtigen Bekannten“.

Normalerweise geht Ede dem Kommissar nicht so leicht ins Netz.

Doch an diesem Tag ____________ er ihm direkt in die Falle.

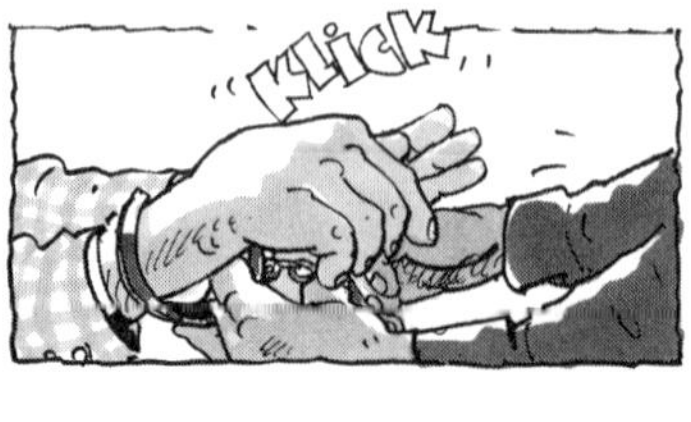

Kugelblitz schnappt nicht jeden Tag zwei Ganoven auf einmal.

Gestern ____________________ er sich gleich Ede und dessen Freundin.

Name:

Einfach Perfekt

> Neben dem Präteritum gibt es die Vergangenheitsform **Perfekt**. Es wird vor allem verwendet, wenn man über Vergangenes **spricht**. Es wird mit „haben" oder „sein" gebildet": ich habe gegessen, wir haben gegessen, er ist gerannt, ihr seid gerannt.

Ergänze die Perfektformen.

ich habe gehört   wir ______________ gehört

er hat ______________   du ______________

ihr ______________ gehört   sie haben ______________

Haben oder sein? Bilde die Perfektformen und schreibe auf die Linien.

lesen •		haben	ich habe gelesen
gehen •			ich ______________
fahren •			ich ______________
schwimmen •			ich ______________
reden •			ich ______________
telefonieren •			ich ______________
kommen •		sein	ich ______________
malen •			ich ______________
kochen •			ich ______________
springen •			ich ______________
aufwachen •			ich ______________

Male die Verben (Tunwörter), die eine Bewegung ausdrücken, grün an, die anderen rot. Ein Verb ist knifflig! Kannst du eine Regel formulieren, wann „haben" und wann „sein" verwendet wird?

Name:

Ein Hundstag

Lies das Gedicht. Klingt es nicht merkwürdig?

Unterstreiche die Verben (Tunwörter) im Präteritum (1. Vergangenheit). Ändere dann die Zeitform, sodass das Gedicht sich reimt und Rhythmus bekommt. Schreibe auf die Linien.

Gedicht im Präteritum	Gedicht im Perfekt (2. Vergangenheit)
Herr Trinklein fraß heut seine Wurst nicht	Herr Trinklein hat heut seine Wurst nicht gefressen
Dabei vergaß er sie sonst nie	
Er stellte sich unter den Sprenger	
Und bellte noch nicht einmal	
Dann trank er zwei Eimer voll Wasser	
Und sank zurück auf sein Kissen	
Im Traume roch er ein Kaninchen	
Da kroch er im Schlaf aus dem Schatten	
Bis drei lag er schlummernd da –	
Ganz ohne sich zu bewegen	
Die Sonne kannte keine Gnade	
Doch kriegen Hunde auch Sonnenbrand?	

Das **Verb im Perfekt** hat meist die Vorsilbe **„ge-“**. Hat es bereits eine Vorsilbe, bleibt diese erhalten, z. B. vergessen – ich habe vergessen.

Name: 

Gute Vorsätze sind nicht schwer

> Eine **Zukunftsform** heißt **Futur 1**. Sie wird mit einer Personalform von **„werden"** und der **Grundform** des entsprechenden Verbs (Tunworts) gebildet:
> Ich werde schweigen.
> Wir werden lachen.

Erfinde gute Vorsätze und verwende dabei die Zukunftsform Futur 1. Denke an die Anführungszeichen für die wörtliche Rede.

Kommissar Kugelblitz futtert beim Sonntagskrimi gern Schokolade.

Er nimmt sich fest vor: „Ich werde ______________________

____

Martin und Lisa trödeln oft bei den Hausaufgaben.

Sie versprechen: „Wir werden ______________________

____

Herr Trinklein versteht sich nicht gut mit Luzie, der Katze des Nachbarn. Er beteuert

schwanzwedelnd: ______________________

____

Polizeimeister Fritz Pommes ist am Schreibtisch eingeschlafen. Als sein

Kollege Zwiebel ihn weckt, verspricht er: ______________________

____

Gräfin Grimelli hat sich wegen der Mäuseplage im Schloss einen Kater zugelegt.

Sie streichelt ihn und sagt: ______________________

____

Drunter und drüber. Markiere die Sätze farbig: Perfekt = Orange, Präsens = Gelb, Futur 1 = Blau.

Vampir Viktor ist durstig.

Hund Strolch ist durch den Garten gesprungen.

Martin wird sein Zimmer aufräumen.

Kommissar Kugelblitz hat den Betrüger durchschaut.

Sonja Sandmann wird für zwei Wochen verreisen.

Der Räuber wehrt sich bei der Festnahme.

Martins Lehrerin hat die Klassenarbeit schon benotet.

Allein unter Verben

Verbenspiel für zwei Personen

So geht's:

1. Entscheide mit deinem Spielpartner, welche Zeitformen ihr üben wollt. Tragt sie in die untere Tabelle in die Felder über den Spalten A, B und C ein.

2. Ab jetzt dürft ihr eure Tabellen gegenseitig nicht mehr anschauen. Jeder wählt acht Verben (Tunwörter) und füllt die Tabelle aus.

3. Malt ein Verbenfeld der Spalten A, B oder C farbig an, z. B. A 3. Das ist das Jokerfeld.

4. Gespielt wird ähnlich dem Prinzip „Schiffe versenken“: Spieler 1 beginnt und nennt Spieler 2 eine Koordinatenzahl, z. B. C 2. Spieler 2 nennt die Grundform des Verbs dieser Zeile und die gewünschte Zeitform dieser Spalte. Spieler 1 antwortet und nennt die entsprechende Personalform. Ist die Antwort richtig, darf er in der kleinen Tabelle rechts ein Kreuz in das Feld C 2 setzen und eine weitere Koordinatenzahl nennen. Ist die Antwort falsch, darf er kein Kreuz setzen und Spieler 2 ist an der Reihe.

	A	B	C
1			
2			
3			
4			
5			
6			
7			
8			

5. Ein Spieler gewinnt, wenn er alle Kreuze in der kleinen Tabelle gesetzt hat oder wenn er durch Zufall das Jokerfeld nennt. Das Spiel ist dann sofort beendet.

Grundform des Verbs				
		A	B	C
	1	sie	sie	sie
	2	ich	ich	ich
	3	du	du	du
	4	er	er	er
	5	wir	wir	wir
	6	ihr	ihr	ihr
	7	sie	sie	sie
	8	es	es	es

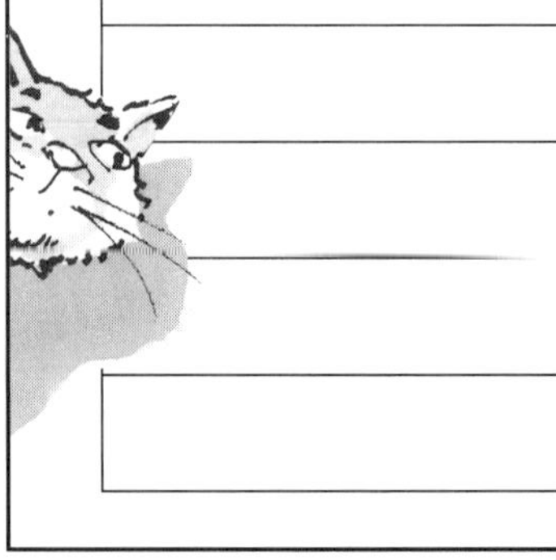

Nomen und ihre Stellvertreter

Vorbemerkung

Die Kinder kennen die Wortart und den Begriff „Nomen“ aus dem zweiten Schuljahr. Sie wissen, dass Nomen großgeschrieben werden müssen. Es bleibt jedoch für viele Kinder schwierig, Nomen zuverlässig zu erkennen.

Die explizite Nomenerkennung als Problem der Groß- und Kleinschreibung wird auch in dem Band „Richtig schreiben in der 3. und 4. Klasse“ behandelt. Hier soll es um grundlegende Einsichten zu dieser Wortart gehen. Nomen haben semantisch eine unterschiedliche Qualität, die wir als Erwachsene mit den Begriffen „konkret“ und „abstrakt“ zu fassen versuchen. Für die Kinder gibt es zum einen Nomen für Dinge und Lebewesen, die man anfassen kann, und zum anderen Nomen für Dinge, die eben „irgendwie anders“ sind. Diese in Gruppen zu fassen (Gefühle, Vorgänge, Eigenschaften usw.) ist hilfreich bei der Zuordnung, auch wenn diese oftmals nicht eindeutig möglich ist. Alle Nomen können immer wieder mit der Fragestellung untersucht werden: „Hätte die Anfassprobe hier gereicht?“

Ein weiteres Hilfsmittel, um die Wortart Nomen fassbarer zu machen, ist der Begleiter (z. B. Artikel, Pronomen, Adjektiv), den man ihr zur Seite stellen kann. Jedes Nomen hat außerdem eines von drei möglichen Geschlechtern, was sich in der Zuordnung der bestimmten Artikel „der“, „die“ oder „das“ niederschlägt. Die Zuordnung ist, gerade für Kinder mit fremder Muttersprache, ein eigenes Lernfeld. Sie erscheint ihnen oft willkürlich. Die Schüler erfahren jedoch, dass die Artikel bei bestimmten Endungen durchaus auch regelhaft ausgewählt werden können.

Ein weiterer Zugang ist die Mehrzahlprobe. Nomen können größtenteils in der Mehrzahl stehen. Es gibt allerdings auch etliche Nomen, die keine Mehrzahlform haben. Die verschiedenen Möglichkeiten sind ein ergiebiges Gebiet fürs Sammeln und (Unter-)Suchen.

Nomen lassen sich mit anderen Nomen, Verben oder Adjektiven zusammensetzen. Vielfach funktioniert dies über Suffixe wie „-heit“, „-keit“, „-nis“ oder „-ung“. Sie sind ein weiteres Erkennungsmerkmal für Nomen.

Der Pronomenbegriff in der Grundschule beschränkt sich im Wesentlichen auf die Personalpronomen. *Pro* (lat.) bedeutet „für“. Pronomen stehen also für ein Nomen und sind Stellvertreterwörter (Fürwort).

Die Funktion von Pronomen ist anhand einfacher Beispiele leicht nachvollziehbar („Kugelblitz hat keine Zeit. Er schickt seinen Stellvertreter.“). Die Kinder lernen, Pronomen angemessen einzusetzen, um störende Wiederholungen zu vermeiden. Andererseits muss immer klar sein, für wen oder was das betreffende Pronomen gerade steht („Mein Hund ist an einem Knochen erstickt. Er war 500 Jahre alt.“). Die manchmal unfreiwillige Komik des unklaren Bezugs wird ebenfalls behandelt. Pronomen können das stilistische Niveau eines Textes erhöhen, erschweren dadurch aber zunächst einmal das Verständnis. Eine weitere Hürde ist die Abhängigkeit der Pronomen von der Fallsetzung, also vor allem die Unterscheidung von Dativ und Akkusativ (ihn oder ihm, sie oder ihr, mir oder mich usw.). Umso wichtiger ist, dass die Kinder sich immer wieder mit dieser Wortart auseinandersetzen und zunehmend sicher im Gebrauch werden.

Lehrplanbezug

- Die Anfassprobe zur Bestimmung von Nomen anwenden
- Nomen zwischen anderen Wortarten herausfiltern
- Nomen den richtigen Artikel zuweisen (der/die/das, ein/eine)
- Die Mehrzahlbildung von Nomen betrachten
- Kenntnisse über Nomen auf Abstrakta übertragen
- Adjektive und Verben durch Suffixe in Nomen verwandeln („-heit“, „-keit“, „-nis“, „-ung“)
- Wortbildungen durch Zusammensetzungen erproben
- Wiederholungen im Text durch Pronomen vermeiden
- Nomen sinnvoll durch Pronomen ersetzen
- Texte durch den Gebrauch von Pronomen besser lesbar machen
- Den missverständlichen Gebrauch von Pronomen erkennen und korrigieren

Zu den Kopiervorlagen

KV Seite 45

Der verschwundene Nominator

Mit dieser Übung wird das Nachdenken über die Unterscheidung in konkrete und abstrakte Nomen angeregt. Sprechen Sie die Anfassprobe an, die im Rechtschreibunterricht häufig als erste Nomenprobe dient: Mit der Anfassprobe lassen sich viele Wörter sicher als Nomen identifizieren. Viele Wörter bestehen die Anfassprobe aber nicht und sind trotzdem Nomen. Außerdem gibt es Nomen, die im Sprachgebrauch sowohl eine abstrakte als auch eine konkret-materielle Bedeutung haben, z. B. Plan.

Die programmierbare Fantasiemaschine „Nominator" taucht in den weiteren Kopiervorlagen immer wieder auf, wenn es um Operationen geht, die man mit Nomen anstellen kann.

Lösung

Aufgaben 1/2:

Anfassnomen: Stein, Kind, Hase, Baum, Tasse, Kalender, Schaukel

Durchgefallene Wörter: Mut, Alarm, Ratlosigkeit, Trauer, Irrtum, Not

Name des Diebs: MARTIN

Aufgabe 3:

Anfassnomen: Kleber, Mauer, Fell, Blatt, Nadel, Gitarre, Schmuck, Flügel

Weiterführende Anregung

Die Kinder sammeln weitere abstrakte und konkrete Nomen. Leistungsstärkere Schüler versuchen, die Abstrakta in semantische Gruppen zusammenzufassen: Zeitangaben, Vorgänge, Fähigkeiten, Eigenschaften, Gefühle, Gedanken usw. Andere sortieren die Konkreta: Tiere, Pflanzen, Lebewesen, Stoffe usw. So entstehen nach und nach Begriffspyramiden.

KV Seite 46

Der vergessliche Professor

Bei der Identifizierung von Nomen lassen sich verschiedene Verfahren anwenden, z. B. die Anfassprobe, Habenprobe, Artikelprobe oder Mehrzahlprobe. Eine weitere Möglichkeit ist es, diejenigen Wörter auszuschließen, die sicher einer anderen Wortart angehören. Dazu zählen vor allem Verben und Adjektive. Auf der Kopiervorlage wird das geübt.

Weiterführend können die Kinder die Nomen mit einem passenden Begleiter aufschreiben. Darauf wird auch in der folgenden Kopiervorlage eingegangen. Leistungsstarke Schüler erstellen mithilfe des Wörterbuchs eigene Wortsammlungen für ihre Mitschüler. Sicher werden sie darauf stoßen, dass viele Wörter in verschiedenen Wortarten existieren, z. B. sucht/Sucht, hoch/Hoch, oder nominalisiert werden können, z. B. bitte/Bitte, lächeln/Lächeln.

Lösung

„Anfassnomen": Dose, Ente, Rost
Verben: entfernen, sendet, schwimmen
Adjektive: lustig, ehrlich, billig
übrige Wörter: Instinkt, Trost, Ostern, Himmel, Mode, Organisation, Armut, Nacht, Risiko

KV Seite 47

Sind Nomen schlecht?

Die deutsche Sprache ist mit einer Schwierigkeit ausgestattet, die gerade für Kinder mit fremder Muttersprache eine Hürde darstellt. Jedem Nomen wird ein Genus (Geschlecht) zugeordnet – maskulinum, femininum und neutrum –, das durch den Artikel ausgedrückt wird. Die Kinder verbalisieren: Nomen mit den bestimmten Artikeln „der/das" haben den unbestimmten Artikel „ein", dem bestimmten Artikel „die" entspricht der unbestimmte Artikel „eine". Übrigens: Romanische Sprachen, die auch mit einem Geschlechtersystem ausgestattet sind, haben nicht unbedingt die gleichen Zuordnungen. So verwendet das Französische für „der Mond" den weiblichen Artikel *la (la lune)* und umgekehrt den männlichen Artikel *le* für „die Sonne" *(le soleil)*.

Lösung

Aufgabe 1:

der (männlich)	die (weiblich)	das (sächlich)
der Name	die Feder	das Nest
der Anker	die Ruhe	das Klavier
der Nagel	die Amsel	das Interesse
der Mantel	die Uhrzeit	das Diktat
Lösungswort: MANN	Lösungswort: FRAU	Lösungswort: KIND

Aufgabe 2:

ein: Name, Anker, Nagel, Mantel, Nest, Klavier, Interesse, Diktat

eine: Feder, Ruhe Amsel, Uhrzeit

Aufgabe 3:
z. B. Mir ist aufgefallen, dass Wörter mit dem Artikel „der“ oder „das“ den unbestimmten Artikel „ein“ erhalten. Wörter mit dem Artikel „die“ erhalten den unbestimmten Artikel „eine“.

KV Seite 48

Einzeln oder mehrere?

Nomen haben einen Numerus, meist einen Singular und einen Plural. Die Mehrzahlbildung von Nomen ist ein charakteristisches Merkmal dieser Wortart. Die Mehrzahlprobe ist damit eine gute Möglichkeit, diese Wortart zu identifizieren. Dabei muss eine Besonderheit beachtet werden: Einige Nomen haben keinen Plural, wie z. B. Milch oder Glück, oder werden umgekehrt nur im Plural gebildet, wie z. B. Eltern, Leute oder Ferien. Sie werden hier als besondere Nomen aufgelistet.

Auf der Kopiervorlage geht es schwerpunktmäßig um verschiedene Arten der Mehrzahlbildung und das Herausfiltern von Nomen ohne Plural. Damit die Kinder zunehmend sicher bei der Bildung der Mehrzahlform werden, ist regelmäßiges Üben notwendig.

Lösung

-e	-en / -n
die Hunde die Regale die Netze die Dreiecke	die Elefanten die Gaben die Botschaften die Kröten
-s	**Einzahlform = Mehrzahlform**
die Autos die Klos die Büros die Babys	die Indianer die Locher die Einwohner die Adler

Nomen ohne Mehrzahlform: Armut, Logik, Bewölkung, Osten, Ruhe

Lösungswort: Im LABOR

Weiterführende Anregung
Die Kinder untersuchen bei weiteren Nomen, wie die Mehrzahl gebildet wird. Jedes Mal entscheiden sie: Gehört dieses Nomen zu einer der vier bzw. fünf Gruppen oder muss eine neue Gruppe eingerichtet werden? Je nachdem, wie man diese Gruppen definiert, kann man bis zu elf Gruppen unterscheiden.

Nach Bartnitzky (Horst Bartnitzky: Grammatikunterricht in der Grundschule. Berlin 2005) können das folgende Kategorien sein:

- fünf mit Pluralsuffix (Junge/n, Tisch/e, Frau/en, Feld/er, Auto/s)
- zwei mit Pluralsuffix und Verdopplung (Freundin/nen, Geheimnis/se)
- zwei mit Pluralsuffix und Umlautung (Kamm – Kämme, Haus – Häuser)
- eine ohne Pluralsuffix (Adler)
- eine ohne Pluralsuffix und Umlautung (Vogel – Vögel)

Für Fremdwörter kommen weitere Varianten hinzu (Atlanten, Firmen, Rhythmen, Porti, Kakteen, Medien …) .

KV Seite 49

Einfach tierisch!

Nomen werden mit anderen Wörtern zusammengesetzt, um aussagekräftiger zu sein. So kann ein Grundwort näher definiert und konkreter werden, indem ihm ein Bestimmungswort zugeordnet wird. Das Grundwort „Turm“ kann z. B. erweitert werden zu „Sprungturm“, „Wachturm“ oder „Leuchtturm“. Dadurch wird ihm jeweils eine grundlegend neue Bedeutung zugewiesen. Dabei ist zu beachten, dass jeweils das Grundwort das Genus des Nomens bestimmt. So erhält jede Art von Turm den Artikel „der“. Verbalisieren Sie das mit der Klasse.

Lösung
Aufgabe 1:
das Haustier, das Huftier, das Beutetier, das Raubtier, das Reittier, das Säugetier, das Wildtier

Aufgabe 2:
Tiere, die du im Zoo besuchen kannst, nennt man Zootiere. Die meisten Arten davon, wie Tiger oder Giraffe, leben eigentlich in freier Wildbahn. Das sind Wildtiere. Tiere, die so pflegeleicht und ungefährlich sind, dass man sie zu Hause halten kann, werden Haustiere genannt. Bei uns sind vor allem Hund und Katze sehr beliebt. Trotzdem folgen sie ihrem Jagdinstinkt und erbeuten andere Tiere. Sie sind also Raubtiere. Man kann Tiere aber auch nach äußeren Merkmalen unterscheiden. So werden z.B. Pferde, Rinder oder Ziegen wegen ihrer besonderen Füße zu den Huftieren gezählt. Sie gehören zur großen Gruppe der Säugetiere, weil sie ihre Jungen mit Milch säugen.

Weiterführende Anregung

Lassen Sie die Kinder zusammengesetzte Nomen mit dem Bestimmungswort „Tier" finden und jeweils die Erklärung dazu nennen, z. B. Tierheim: So nennt man die Einrichtung, in der herrenlose Tiere vorübergehend ein Zuhause finden. Diese Aufgabe eignet sich auch gut für die Freiarbeit oder als Hausaufgabe.

KV Seite 50

Nomen GmbH – Gerät mit besonderem Hunger

Adjektive können mit bestimmten Suffixen zu Nomen werden. Für die Kopiervorlage wurden Adjektive ausgewählt, die dabei im Stamm nicht verändert werden müssen. Einzig das Wort „feige" verliert das „-e", wenn es zu Feigheit umgewandelt wird. Sobald die Schüler eigene Wörter suchen, werden sie darauf stoßen. Vertiefend wird darauf in dem Band „Richtig schreiben" eingegangen.

Lösung

Aufgabe 1:

Nomen mit „-heit": die Feigheit, die Sanftheit, die Gleichheit, die Gesundheit, die Grobheit, die Dummheit, die Schlauheit, die Krankheit

Nomen mit „-keit": die Traurigkeit, die Unterschiedlichkeit, die Schweigsamkeit, die Redseligkeit, die Fröhlichkeit, die Tapferkeit

Aufgabe 2:

Gegensatzpaare: die Feigheit – die Tapferkeit, die Sanftheit – die Grobheit, die Traurigkeit – die Fröhlichkeit, die Gleichheit – die Unterschiedlichkeit, die Gesundheit – die Krankheit, die Schweigsamkeit – die Redseligkeit, die Dummheit – die Schlauheit

Aufgabe 3:

Folgende Wörter werden eingekreist: achtsam, frei, heiter, schläfrig, freundlich, verschwiegen, beliebt, trocken, langsam

Aufgabe 4:

z.B. Nomen mit der Nachsilbe „-heit" oder „-keit" haben immer den Artikel „die".

KV Seite 51

Nomenproduktion GmbH und Co KG

Auch Verben können mit den Nachsilben „-nis" und „-ung" zu Nomen umgewandelt werden. Schwieriger als bei Adjektiven ist jedoch das Bilden der Nomen: Hier reicht es nicht aus, nur die Endungen anzuhängen. Vielmehr muss das Verb inhaltlich erfasst und das entsprechende Nomen abgeleitet werden. Geben Sie leistungsschwächeren Schülern die richtigen Nomen verdeckt an der Tafel vor. Wenn ihnen nicht alle Nomen bekannt sind, können sie diese an der Tafel nachschauen. Es bietet sich außerdem Partnerarbeit an.

Lösung

Aufgabe 1:

-nis	-ung
die Erlaubnis	die Bestimmung
das Ergebnis	die Befürchtung
das Geständnis	die Rechnung
das Verständnis	die Umleitung
das Gleichnis	die Färbung
das Ereignis	die Verständigung
die Besorgnis	die Strömung
	die Ermahnung
	die Erleichterung
	die Gleichung
	die Ausbildung
	die Besorgung
	die Täuschung

Aufgabe 2:

Der Artikel ist bei der Nachsilbe „-nis" entweder „die" oder „das", bei der Nachsilbe „-ung" immer „die".

Aufgabe 3:

Martin besucht den Professor regelmäßig, aber er hat nicht die Erlaubnis, sich allein im Labor aufzuhalten. Der Professor hat die Befürchtung, dass Martin dort Unsinn machen könnte. Martin hat dafür kein Verständnis. Als Professor Wörtlich eine Besorgung in der Stadt machen muss, erlaubt er Martin ausnahmsweise, im Labor zu bleiben. Allerdings hagelt es Hinweise und Ermahnungen. Vor allem dürfe Martin auf keinen Fall die Rechnung von der Tafel wischen. Kaum ist der Professor gegangen, bleibt Martins Blick an der Tafel hängen. Nanu, die Gleichung

ist gar nicht gleich. Er rechnet noch einmal nach und findet das richtige Ergebnis. Du auch?

Richtige Rechnung: 375 + 694 – 69 = ~~999~~ 1000 Wörter

KV Seite 52

Nomensuchmaschine

Die Nomensuchscheibe ermöglicht es den Schülern, die wichtigsten Nomenproben auf einen Blick zu erfassen und Wörter nach ihrer Wortart zu bestimmen. Indem die Wörter zuerst nach Adjektiv oder Verb untersucht werden, können einige bereits vor der Nomenprobe aussortiert werden. Gehören Wörter nicht zu diesen Wortarten, fängt der Nomensuchlauf an: Der Reihe nach werden die einzelnen Proben durchlaufen. Auf jede Probe, die mit „ja" beantwortet werden kann, legen die Schüler einen grünen Chip. Ist die Antwort „nein", legen sie einen roten Chip darauf. Die Chips werden zuvor angemalt und ausgeschnitten. Sobald zwei Proben einen grünen Chip erhalten, handelt es sich um ein Nomen.

Natürlich birgt die deutsche Sprache eine Fülle von Sonderfällen und Schwierigkeiten, die hier im Einzelnen nicht berücksichtigt werden können. So ist beispielsweise das Bestimmen von substantivierten Verben oder Adjektiven nicht vorgesehen, da hier der Kontext berücksichtigt werden müsste. Substantivierungen werden am besten von der ursprünglichen Wortart ausgehend behandelt. Das Thema selbst spielt in der Grundschule eher eine untergeordnete Rolle.

Ziel der Nomensuchmaschine ist es, die Schüler für die einzelnen Vorgänge zur Bestimmung von Nomen zu sensibilisieren, sodass die Nomenprobe automatisiert wird. Fehler bei der Großschreibung machen einen nicht unerheblichen Teil der Rechtschreibfehler aus.

KV Seite 53

Die verflixte Zahnbürste

In diesem kurzen Text taucht der Name Viktor sehr häufig auf. Das wird den Schülern beim lauten Lesen deutlich. Durch Pronomen können solche Wiederholungen vermieden werden. Sie können ein Nomen ersetzen. Die Schüler überarbeiten den Text allein oder zu zweit. Da verschiedene Lösungen möglich sind, werden die Kinder diskutieren und verschiedene Möglichkeiten durchprobieren.

Lösung

Aufgabe 2:

z.B. „Wo habe ich nur meine Zahnbürste gelassen?", murmelt Viktor, der Vampir. Bevor ~~Viktor~~ **er** sich in seinen Sarg legt, putzt ~~Viktor~~ **er** sich nämlich immer die Zähne. ~~Viktor~~ **Ihm** ist das sehr lästig. Aber Zahnarztbesuche gefallen ~~Viktor~~ **ihm** auch nicht. ~~Viktor~~ **Er** hasst das Geräusch des Bohrers. Aber Viktor hasst auch Zahnschmerzen. Einmal hat ein fauler Eckzahn ~~Viktor~~ **ihn** schrecklich gequält. ~~Viktor~~ **Er** konnte eine Woche nicht zubeißen. Da machte ~~Viktor~~ **ihm** das Vampirleben keinen Spaß mehr. Daraufhin hat Viktor beschlossen, dass Zähneputzen eben notwendig ist. Wenn ~~Viktor~~ **ihm** nur einer sagen könnte, wo die verflixte Zahnbürste ist!

Aufgabe 3:

der Lehrer – er, den Hund – ihn, Peter und ich – wir, Moritz und du – ihr, das Mädchen – es, die Schwester – sie, der Verkäuferin – ihr

Aufgabe 4:

Wo ist Viktors Zahnbürste? Er durchsucht seinen Sarg. Er schaut unter seine Decke. Nichts. Vielleicht hat er sie in den Schrank gesteckt? Nein. Ist sie etwa in der Keksdose? Auch nicht. Normalerweise steckt die Zahnbürste in seinem Schuh. Aber was ist das? Er greift in die Tasche seines Umhangs – und hält die Zahnbürste in der Hand!

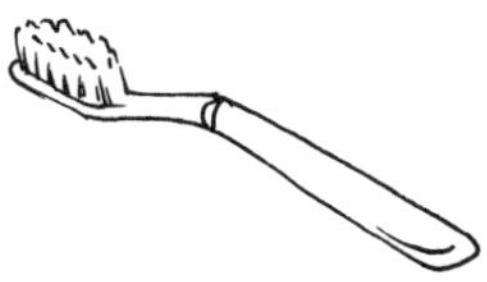

KV Seite 54

Missverständnisse beim Verhör

Hier geht es um lustige Missverständnisse, die durch die unbedachte Verwendung von Pronomen entstehen können. Sprachschwächeren Kindern fällt die Pointe oft erst nach mehrmaligem betonten Vorlesen auf.

Lösung

Aufgabe 2:

1. Der Revolver war ziemlich groß. → Beim Verhör kommt es zur Verwechslung mit dem Mann.
2. Dann hat er die Tür zertrümmert. → Beim Verhör kommt es zur Verwechslung mit der Brille.
3. Der Arm blutete stark. → Beim Verhör kommt es zur Verwechslung mit dem Mantel.
4. Das Auto fuhr los. → Beim Verhör kommt es zur Verwechslung mit dem Hund.

Aufgabe 3:
Die Missverständnisse entstehen, weil die Pronomen nicht mehr klar zuordenbar sind. Bei Nomen mit gleichem Genus muss man Pronomen sehr überlegt einsetzen oder sogar eine Wiederholung in Kauf nehmen, solange Missverständnisse nicht auszuschließen sind.

Weiterführende Anregung
Das Gespräch eignet sich gut dafür, zu einem Sketch ausgebaut zu werden. Die Schüler arbeiten dafür in Gruppen zusammen, verteilen und üben die Rollen. Wichtig ist, dass beim Spielen die Aufregung des Zeugen und die Verwirrung von Fritz Pommes deutlich werden.

Name:

Der verschwundene Nominator

Professor Wörtlich tobt: „Man hat mir meine neueste Erfindung gestohlen – den Nominator."
„Was ist denn das?", fragt Kugelblitz verwundert.
„Eine Nomensortiermaschine", erklärt Wörtlich. „Alle Begriffe für tote oder lebende Materie, die Anfassnomen sozusagen, werden in Filter 1 abgefischt und im Fangkorb ausgespuckt."

Füttere den Nominator mit den Wörtern. Welche fallen durch den Filter? Ihre Anfangsbuchstaben ergeben in der richtigen Reihenfolge den Namen des Diebs.

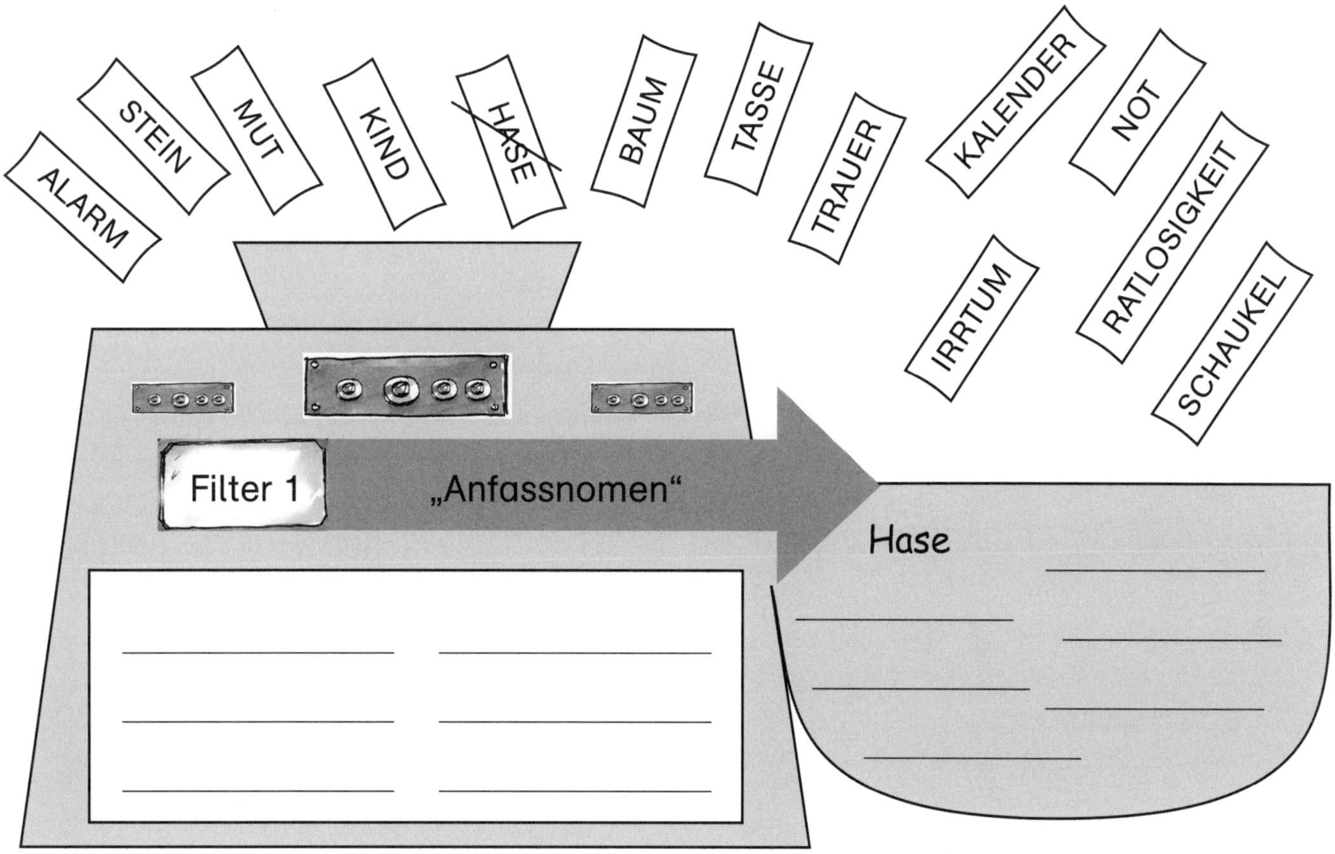

Name des Diebs: ___ ___ ___ ___ ___ ___

Untersuche mit dem Nominator weitere Nomen (Namenwörter). Was kannst du anfassen? Male die Begriffe an.

Sorge | Kleber | Mauer | Ehre | List | Meinung | Fell | Tod

Blatt | Nadel | Gitarre | Seuche | Art | Schmuck | Flügel

Name:

Der vergessliche Professor

Kugelblitz stellt seinen Neffen und dessen vermeintliche Komplizin Lisa zur Rede.

Martin beteuert:

Der Professor ist total vergesslich! Ich habe den Nominator von ihm ausgeliehen, um ihn zu testen. Er bekam nämlich einen Kurzschluss, wenn man ihn mit Wörtern fütterte, die gar keine Nomen sind.

Und Lisa erklärt lässig: „Ich habe den Nominator umprogrammiert! Er filtert nun auch die Verben und Adjektive heraus."

Füttere die Maschine mit den Wörtern. Ordne die Begriffe jeweils in den richtigen Korb. Schreibe nur die Nomen (Namenwörter) groß.

LUSTIG | DOSE | INSTINKT | ENTFERNEN | TROST | OSTERN

HIMMEL | ENTE | EHRLICH | SENDET | ROST | MODE

ORGANISATION | BILLIG | ARMUT | NACHT | RISIKO | SCHWIMMEN

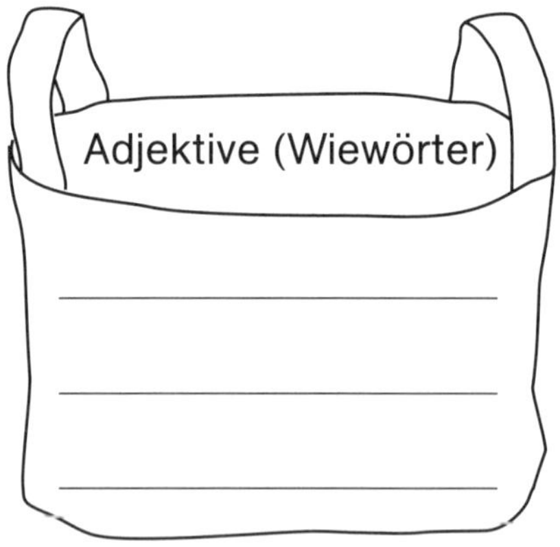

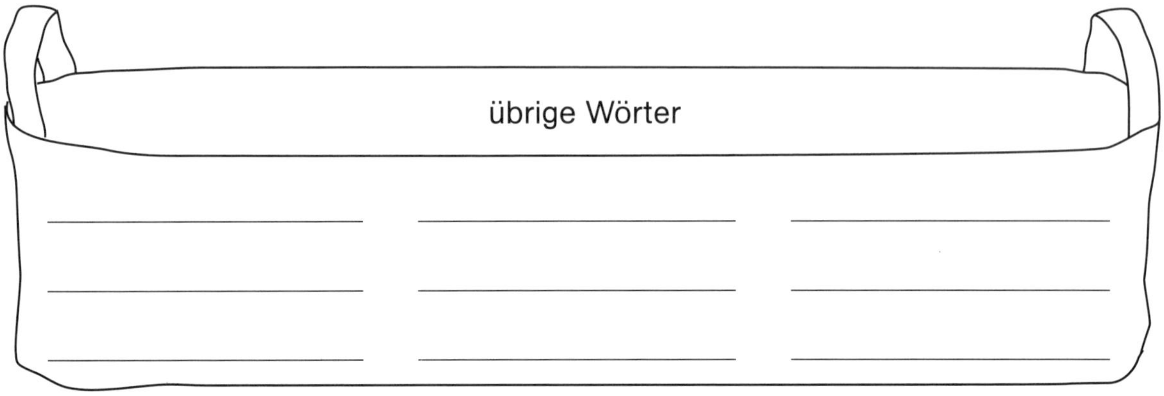

Name:

Sind Nomen schlecht?

Inspector Brown ist zu Besuch. Kugelblitz erklärt ihm die deutsche Sprache: „Der Bleistift ist männlich, die Tür ist weiblich und das Fenster ist sächlich. Am bestimmten Artikel oder Begleiter kann man das Geschlecht eines Nomens (Namenworts) erkennen.“

Sortiere die Nomen in die Tabelle. Achtung: Vier Wörter sind keine Nomen! Die Anfangsbuchstaben in jeder Spalte ergeben in der richtigen Reihenfolge je ein Lösungswort.

FEDER | WESTLICH | NAME | NEST  | KLAVIER

ANKER | NAGEL | GREIFT | MANTEL | INTERESSE

ESSBAR | DIKTAT | RUHE | OBWOHL | AMSEL | UHRZEIT

der (männlich)	die (weiblich)	das (sächlich)
Lösungswort:	Lösungswort:	Lösungswort:

Es gibt auch unbestimmte Artikel. Sortiere die Wörter erneut.

ein: ______________________________

____

eine: ______________________________

Inspector Brown ist beim Sortieren etwas aufgefallen. Dir auch?

Mir ist aufgefallen, dass ______________________________

____

____

Name:

Einzeln oder mehrere?

Prof. Wörtlich arbeitet an einem neuen Programm für die Nomensortiermaschine. Es geht um die Einzahl und Mehrzahl von Nomen (Namenwörtern). Martin testet das Programm.

Er stellt fest: Einige Nomen tanzen aus der Reihe. Setze den Testlauf fort. Trage die Wörter passend in die Tabelle ein. Welche Wörter müssen unten auf die Linie?

~~Hund~~  | Indianer | Auto | Locher | Regal | Armut | Logik

Elefant | Bewölkung | Osten | Klo | Büro | Einwohner | Netz

Gabe | Botschaft | Dreieck | Adler | Ruhe  | Kröte | Baby

-e	-en / -n
die Hunde, ______	______
______	______
______ 	______
______	______

-s	Einzahlform = Mehrzahlform
______	______
______	______
______	______
______	______

Diese Nomen tanzen aus der Reihe, denn sie haben keine Mehrzahlform: ______

______

Ihre Anfangsbuchstaben verraten in der richtigen Reihenfolge, wo sich der Professor am liebsten aufhält: Im ☐☐☐☐☐ .

Name:

Einfach tierisch!

Nomen (Namenwörter) lassen sich mit anderen Nomen, Verben (Tunwörtern) oder Adjektiven (Wiewörtern) zusammensetzen. Sie werden dadurch näher bestimmt.

Bilde zusammengesetzte Nomen mit dem Grundwort „Tier“.

Das **Grundwort** steht immer am Ende, das **Bestimmungswort** davor.

der Zoo	+	**das Tier**	=	das Zootier
das Haus				______________________
der Huf				______________________
die Beute				______________________
rauben				______________________
reiten				______________________
säugen				______________________
wild				______________________

Lies den Text und setze sechs der zusammengesetzten Nomen passend ein.

Tiere, die du im Zoo besuchen kannst, nennt man ______________________.

Die meisten Arten davon, wie Tiger oder Giraffe, leben eigentlich in freier Wildbahn.

Das sind ______________________.

Tiere, die so pflegeleicht und ungefährlich sind,

dass man sie zu Hause halten kann, werden ______________________ genannt.

Bei uns sind vor allem Hund und Katze sehr beliebt. Trotzdem folgen sie ihrem Jagdinstinkt und erbeuten andere Tiere. Sie sind also ______________________. Man kann Tiere aber auch nach äußeren Merkmalen unterscheiden. So werden z. B. Pferde, Rinder oder Ziegen wegen ihrer besonderen Füße zu den ______________________ gezählt.

Sie gehören zur großen Gruppe der ______________________,

weil sie ihre Jungen mit Milch säugen.

Name:

Nomen GmbH - Gerät mit besonderem Hunger

Martin füttert den Nominator mit Adjektiven (Wiewörter), doch statt sie zu entlarven, baut die Maschine sie einfach zu Nomen (Namenwörtern) um.

Lass das Programm einmal durchlaufen.
Ergänze jeweils den Artikel (Begleiter).

~~feige~~ sanft traurig gleich gesund grob

unterschiedlich | -heit | | -keit | schweigsam

dumm redselig schlau fröhlich krank tapfer

Nomen mit „-heit“: die Feigheit, ____

____

____

Nomen mit „-keit“: ____

____

____

Markiere die Nomen als Gegensatzpaare. Verwende sieben Farben.

Kreise die Adjektive ein, die man mit den Nachsilben „-heit“ und „-keit“ in Nomen verwandeln kann.

achtsam frei gut heiter schläfrig freundlich

kurz verschwiegen beliebt schwarz trocken langsam

Sprachdetektive aufgepasst! Was fällt dir bei den Artikeln der Nomen mit den Silben „-heit“ und „-keit“ auf? Versuche eine Regel zu formulieren.

____

____

Name:

Nomenproduktion GmbH und Co KG

Die Nomenmaschine baut sogar Verben (Tunwörter) zu Nomen (Namenwörtern) um.

Übertrage die Tabelle in dein Heft und fülle sie aus. Tipp: Manchmal gibt es zwei Möglichkeiten.

~~erlauben~~ befürchten ergeben ~~bestimmen~~ rechnen
gestehen umleiten färben verstehen strömen ermahnen
erleichtern gleichen ausbilden ereignen besorgen täuschen

-nis	-ung
die Erlaubnis	die Bestimmung

Was fällt dir bei den Artikeln (Begleitern) auf?

____

____

Setze Wörter aus der Tabelle passend in den Text ein.

Martin besucht den Professor regelmäßig, aber er hat nicht die ________________, sich allein im Labor aufzuhalten. Der Professor hat die ________________, dass Martin dort Unsinn machen könnte. Martin hat dafür kein ________________. Als Professor Wörtlich eine ________________ in der Stadt machen muss, erlaubt er Martin ausnahmsweise, im Labor zu bleiben. Allerdings hagelt es Hinweise und ________________. Vor allem dürfe Martin auf keinen Fall die ________________ von der Tafel wischen. Kaum ist der Professor gegangen, bleibt Martins Blick an der Tafel hängen. Nanu, die ________________ ist gar nicht gleich. Er rechnet noch einmal nach und findet das richtige ________________. Du auch?

375 + 694 - 69 = 999 Wörter

Name:

Nomensuchmaschine

Prof. Wörtlich hat aus seiner Nomensuchmaschine eine kleine Nomensuchscheibe gemacht. Teste die Scheibe. Schlage Wörter, die du nicht kennst, zuerst nach!

Wörter mit den Endungen „-ung“, „-heit“, „-keit“, „-nis“, „-tum“, „-ion“, „-schaft“, „-elei“ sind sicher Nomen.

Oft entscheidet schon dein Sprachgefühl. Keine Nomen sind natürlich: ich, du, er, mich, dich, sein, weil, da, plötzlich, dann, ein, eine, das, die, der …

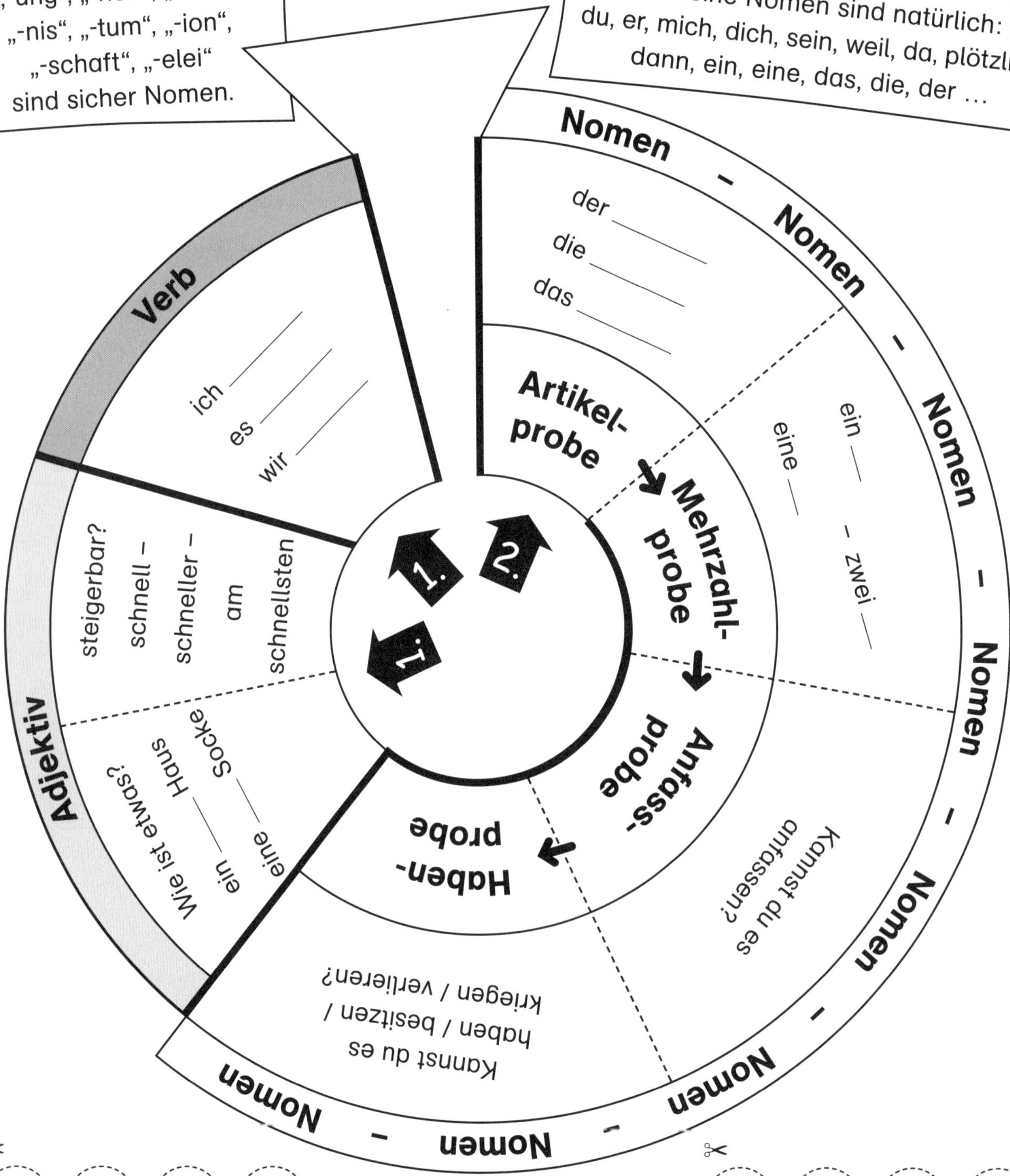

rot

grün

Name:

Die verflixte Zahnbürste

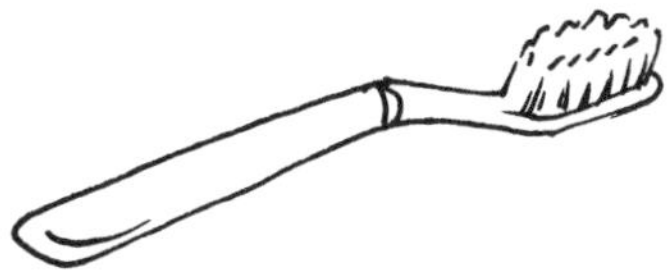

Lies den Text. Was fällt dir auf?

„Wo habe ich nur meine Zahnbürste gelassen?“, murmelt Viktor, der Vampir. Bevor Viktor sich in seinen Sarg legt, putzt Viktor sich nämlich immer die Zähne. Viktor ist das sehr lästig. Aber Zahnarztbesuche gefallen Viktor auch nicht. Viktor hasst das Geräusch des Bohrers. Aber Viktor hasst auch Zahnschmerzen. Einmal hat ein fauler Eckzahn Viktor schrecklich gequält. Viktor konnte eine Woche nicht zubeißen. Da machte Viktor das Vampirleben keinen Spaß mehr. Daraufhin hat Viktor beschlossen, dass Zähneputzen eben notwendig ist. Wenn Viktor nur einer sagen könnte, wo die verflixte Zahnbürste ist!

Male „Viktor“ im Text gelb an. Ersetze „Viktor“ durch die Wörter „er“, „ihm“ oder „ihn“, wo es sinnvoll ist.

Die Wörter „er“, „ihm“ und „ihn“ nennt man **Pronomen** (Fürwörter). Sie stehen stellvertretend für ein Nomen oder einen Namen. Sie sind **Stellvertreter**.

Verbinde die Personen mit den passenden Pronomen.

der Lehrer •
den Hund •
Peter und ich •
Moritz und du •

• ihn •
• wir
sie •
• ihr
es •
• er
ihr •

• das Mädchen
• die Schwester
• der Verkäuferin

Setze in die Lücken Pronomen ein.

Wo ist Viktors Zahnbürste? ________ durchsucht seinen Sarg. Er schaut unter ________ Decke. Nichts. Vielleicht hat er ________ in den Schrank gesteckt? Nein. Ist ________ etwa in der Keksdose? Auch nicht. Normalerweise steckt die Zahnbürste in ________ Schuh. Aber was ist das? ________ greift in die Tasche ________ Umhangs – und hält die Zahnbürste in der Hand!

Name:

Missverständnisse beim Verhör

Lies den Text mindestens zweimal laut mit einem Partner.

Fritz Pommes hat Nachtdienst. Kurz bevor er abgelöst wird, kommt ein aufgeregter Mann auf die Wache, um einen Einbruch zu melden.

Pommes: Also, was haben Sie als Erstes beobachtet?

Zeuge: Ich wollte vor meiner Frühschicht eigentlich nur noch schnell Zigaretten holen. Es war ungefähr 5.30 Uhr. Da habe ich am Friedensplatz einen Mann gesehen, der einen Revolver einsteckte. Er war ziemlich groß. Ich schätze so 30 cm.

Pommes: Das nennen Sie groß?

Zeuge: Ich finde schon. Natürlich kenne ich mich auf diesem Gebiet nicht so aus. Anschließend ist er zum Hinterausgang geschlichen und war eine Weile vor der Tür beschäftigt. Ich konnte erkennen, dass er eine Brille trug. Dann hat er sie zertrümmert.

Pommes: Na, so was! Konnten Sie erkennen, warum er das tat?

Zeuge: Ich denke, er hatte keine andere Möglichkeit, ins Haus zu kommen. Jedenfalls splitterte das Glas ziemlich laut und er bekam wohl Panik und flüchtete. Um den rechten Arm hatte er seinen Mantel gewickelt. Er blutete stark.

Pommes: Wie bitte?

Zeuge: Ja, es tropfte wie wild. Ich hatte keine Mühe, die Spur zu verfolgen. An der Ecke stieg der Typ in ein Auto. Dort saß auch ein Hund oder so, jedenfalls war's ein größeres Tier. Es war zu dunkel, um es genau zu erkennen. Jedenfalls fuhr es dann los.

Pommes: Sie wollen mich auf den Arm nehmen!

Zeuge: Aber Herr Wachtmeister. Ich schwöre Ihnen: Genau so war es.

Pommes schreibt kopfschüttelnd einen Fahndungsaufruf für die Frühnachrichten im Radio. Ob jemand die Missverständnisse aufklärt, bevor der Fahndungsaufruf auf Sendung geht?

Besprecht gemeinsam: Welche Missverständnisse sind bei dem Verhör entstanden? Was wollte der Zeuge sagen und was hat Pommes verstanden?

Überlegt, wie es zu den Missverständnissen kommen konnte. Verändert den Text beim Lesen so, dass Pommes den Zeugen richtig versteht.

Präpositionen

Vorbemerkung

Präpositionen (lat. das Vorangestellte), im Deutschen oft treffend als Verhältniswörter bezeichnet, kommen in Texten zahlreich vor. Häufig verwendete Präpositionen sind: an, auf, aus, bei, bis, durch, für, gegen, hinter, in, mit, nach, neben, über, um, unter, von, vor, zu, zwischen.

Präpositionen stellen Verbindungen zwischen Wörtern oder Wortgruppen her. Dieses Verhältnis kann lokal sein (aus dem Haus kommen, nach Hause kommen), modal (aus Wasser bestehen, nach seinem Vater kommen), kausal (etwas aus Liebe tun) oder temporal (nach Feierabend).

Die Abgrenzung innerhalb der Wortart ist oftmals schwierig. Für die Spracharbeit in der Grundschule ist es ausreichend, wenn die Kinder mit dem Begriff Präposition/Verhältniswort einige Vertreter dieser Wortart kennen und umgekehrt einige häufige Präpositionen als solche bezeichnen können. Der Wortteil „-position" ist dafür eine gute Eselsbrücke. Das Begriffswissen wird in den Lehrplänen der Grundschule nicht mehr verlangt. Eine Aufgabe der Spracharbeit in der Grundschule ist jedoch der sichere Umgang mit Präpositionen. Mit dieser Wortart sind die Probleme in der Fallsetzung verknüpft, die nicht nur Kindern mit fremder Muttersprache schwer fällt. Jedoch macht eine Beschäftigung mit den Präpositionen auch die Fallsetzung einfacher.

Lehrplanbezug

- Den Zweck von Präpositionen erkennen
- Präpositionen korrekt einsetzen
- Die Verschmelzung von Präpositionen und Artikeln kennenlernen

Zu den Kopiervorlagen

KV Seite 57

Thea Tratsch: Das sind Verhältnisse!

Ohne eine Präposition ließe uns mancher Satz ratlos zurück: „Deine Mathehausaufgaben liegen dem Sofa." Muss das Sofa jetzt die Hausaufgaben übernehmen? Oder liegen sie lediglich auf dem Sofa? Oder womöglich an, hinter, in, neben ... dem Sofa? „Ich mache dem Fernsehen Hausaufgaben." Nanu, kann es das nicht selbst? Oder machst du bei, nach, vor, wegen, mit oder etwa gar im Fernsehen deine Hausaufgaben? Solche oder ähnliche Sätze als stummen Impuls an die Tafel geschrieben eignen sich gut als Einstieg in das Thema oder zur Vertiefung.

Anschließend lesen Sie gemeinsam mit der Klasse den Text ohne Präpositionen. Versteht man alles? Die Schüler ergänzen die Präpositionen. Diese Aufgaben können in Partnerarbeit gelöst werden.

Lösung

Aufgabe 2:

Thea Tratsch kommt die neue Mieterin in ihrem Haus von Anfang an sehr verdächtig vor. Auf dem ~~Dem~~ Klingelschild steht kein Name. Bei heimlichen ~~Heimlichen~~ Nachforschungen entdeckt sie noch Schlimmeres. Frau Tratsch marschiert auf die Wache und verlangt von Kommissar Kugelblitz: „Herr Kommissar, Sie müssen bei dieser Dame eine Razzia machen. Bestimmt kommt sie direkt aus dem Gefängnis!"

Aufgabe 3:

z. B. auf / neben / in / aus / bei dem Regal
auf / neben / in / mit / aus / bei meinem Buch
auf / neben / in / durch / um das Haus

Aufgabe 4:

z. B. Meine Katze liegt am liebsten in dem Regal.
Bei dem Regal fehlt ein Ablagebrett.
Ich lese den Kindern aus meinem Buch vor.
Der Gärtner pflanzt Büsche um das Haus.
Der Einbrecher schleicht nachts durch das Haus.

Weiterführende Anregung

Lassen Sie die Kinder geeignete Präpositionen zur Ortsbezeichnung pantomimisch darstellen und von der Klasse erraten. Automatisch wird so auch die Unterscheidung zwischen dem 3. und 4. Fall geübt, z. B.: „Anja klettert unter den Tisch. Sie hockt unter dem Tisch."

KV Seite 58

Verflixter Montag

Präpositionen können teilweise mit Artikeln verschmelzen: „Ich gehe in das Haus. Ich gehe ins Haus." Die Grenzen von Standardsprache zu Umgangssprache sind dabei fließend. Die Verschmelzungen auf dieser Kopiervorlage beschränken sich auf die allgemein als standardsprachlich anerkannten Verschmelzungen am, beim, im, vom, zum, ans, ins und zur. Manchmal hört sich die Verschmelzung stilistisch besser an. Die Schüler können die vorgegebenen Sätze diesbezüglich überprüfen und verändern.

Lösung

Er sagt (zu + der) zur Lehrerin: „Es hat doch schon geklingelt."

Alle Klassen müssen sich *bei dem* ersten Klingeln aufstellen.
(Bei + dem) Beim zweiten Klingeln gehen dann alle in ihr Klassenzimmer.

Alle Kinder sollen ruhig *in das* Schulgebäude gehen.
Aber Martins Klasse stürmt (in + das) ins Gebäude.
In dem Schulgebäude darf man nicht rennen.
Man muss (in + dem) im Schulgebäude außerdem leise sein.

Für Martins Klasse ist es ein weiter Weg bis *zu dem* Klassenraum.
Bis (zu + dem) zum Klassenraum sind es genau 196 Schritte.

Doch *an das* Zählen denkt Martin heute nicht.
Er denkt vielmehr (an + das) ans Frühstück.

Die Frühstückspause kommt *an dem* Montag immer zu kurz.
(An + dem) Am Brot mit Käse hat er vorhin nur kurz geknabbert.

Ob seine Klassenlehrerin Frau Böhm *von dem* verflixten Montag etwas weiß?
(Von + dem) Vom Knurren in seinem Magen bekommt sie bestimmt nichts mit!

Name:

Thea Tratsch: Das sind Verhältnisse!

Wörter wie *in, von, an, auf, bei, von* und *aus* sind zwar nur kurz, aber ungeheuer wichtig. Das merkt man oft erst, wenn sie fehlen.

Präpositionen (Verhältniswörter) stellen klärende Verbindungen zwischen Wörtern her, klären also deren **Verhältnis**.

Lies den folgenden Text aufmerksam durch.

Thea Tratsch kommt die neue Mieterin ihrem Haus Anfang sehr verdächtig vor. Dem Klingelschild steht kein Name. Heimlichen Nachforschungen entdeckt sie noch Schlimmeres. Frau Tratsch marschiert die Wache und verlangt Kommissar Kugelblitz: „Herr Kommissar, Sie müssen dieser Dame eine Razzia machen. Bestimmt kommt sie direkt dem Gefängnis!“

Ergänze die fehlenden Präpositionen im Text. Beachte die Groß- und Kleinschreibung.

Welche Präpositionen sind möglich? Schreibe jeweils auf die Linie.

auf | neben | in | mit

um | durch | bei | aus

auf, ______________________________ dem Regal

______________________________ meinem Buch

______________________________ das Haus

Wähle fünf Möglichkeiten aus und schreibe fünf Sätze dazu.

Mein Heft liegt auf dem Regal. ______________________________

____

____

____

____

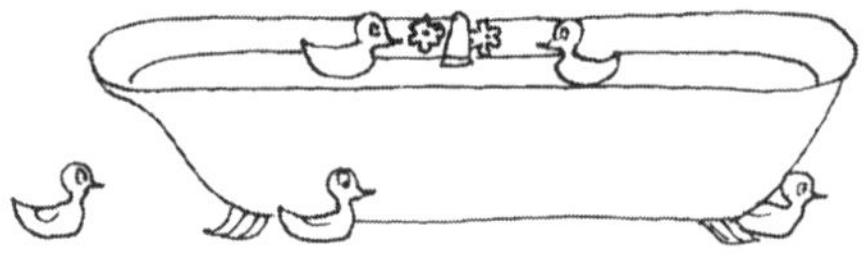

Name:

Verflixter Montag

Manche Präpositionen (Verhältniswörter) verschmelzen mit einem Artikel (Begleiter).

Heute ist Montag und Frau Müller hat Pausenaufsicht.
Leider hört sie nicht mehr so gut.

Fülle die Lücken.

Martin geht *zu der* Lehrerin.

Martin geht (zu + der) zur Lehrerin.

Er sagt (zu + der) ________ Lehrerin: „Es hat doch schon geklingelt."

Alle Klassen müssen sich *bei dem* ersten Klingeln aufstellen.

(Bei + dem) ________ zweiten Klingeln gehen dann alle in ihr Klassenzimmer.

Alle Kinder sollen ruhig *in das* Schulgebäude gehen.

Aber Martins Klasse stürmt (in + das) ________ Gebäude.

In dem Schulgebäude darf man nicht rennen.

Man muss (in + dem) ________ Schulgebäude außerdem leise sein.

Für Martins Klasse ist es ein weiter Weg bis *zu dem* Klassenraum.

Bis (zu + dem) ________ Klassenraum sind es genau 196 Schritte.

Doch *an das* Zählen denkt Martin heute nicht.

Er denkt vielmehr (an + das) ________ Frühstück.

Die Frühstückspause kommt *an dem* Montag immer zu kurz.

(An + dem) ________ Brot mit Käse hat er vorhin nur kurz geknabbert.

Ob seine Klassenlehrerin Frau Böhm
von dem verflixten Montag etwas weiß?
(Von + dem) ________ Knurren in seinem Magen
bekommt sie bestimmt nichts mit!

Rund um Wörter und Begriffe

Vorbemerkung

Um Wörter richtig verwenden zu können, ist es notwendig zu wissen, wie sie gebaut werden und in welcher Beziehung sie zueinander stehen. Welche Vorsilben gibt es? Welche weiteren Bausteine gibt es? Wie erkenne ich eine Wortfamilie? Die Einsichten in die Baupläne unserer Wörter sollen hier vertieft und wichtige Fachbegriffe gesichert werden. Sie sind die Grundlage für morphematische Strategien in der Rechtschreibarbeit.

In der Wortlehre kommt es auch darauf an, die inhaltlichen Zusammenhänge der einzelnen Begriffe zu kennen, um sicher und gewandt damit umzugehen. Heutzutage haben die Kinder zunehmend Mühe damit, sich treffend auszudrücken. Die Wortfeldarbeit ist deshalb besonders wichtig und sollte bei der grammatikalischen Arbeit auch immer wieder im Vordergrund stehen.

Was passieren kann, wenn man die Unterscheidung in Ober- und Unterbegriffe zu genau nimmt, wird den Schülern auf witzige Art und Weise deutlich.

Lehrplanbezug

- Wortschatz erweitern
- Aus Wortstamm, Vor- und Nachsilben Wörter bauen
- Mit dem Wortbaukreisel üben
- Oberbegriffe finden
- Begriffspyramiden bilden
- Über den sinnvollen Einsatz von Oberbegriffen nachdenken

Zu den Kopiervorlagen

KV Seite 61

Schöne Aussichten

Flektierbare Wörter haben einen Wortstamm. Wörter mit gleichem Stamm gehören zu einer Wortfamilie. Die Schüler sollen dafür ein Gespür bekommen und die Zusammenhänge erkennen. Kennen die Schüler alle Begriffe und deren Bedeutung? Dieser Frage widmen sie sich auf der Kopiervorlage. Sprechen Sie in der Klasse über die einzelnen Begriffe und lassen Sie jeweils einen Satz dazu bilden.

Lösung

Aufgabe 1:

Aussicht, Sichtung, Vorsicht, sichten, ~~sichtig~~, Umsicht, Absicht, sichtbar, ~~Besicht~~, ~~sichtlos~~, Einsicht

Aufgabe 2:

z. B. einsichtig, umsichtig, vorsichtig, Besichtigung, gesichtslos, aussichtslos

KV Seite 62

Wortbaukreisel

Für die Freiarbeit oder für das Üben zwischendurch bietet sich der Wortbaukreisel an. Die Kinder können diesen leicht selbst herstellen oder Sie bereiten ihn vor. Bereits beschriftet und laminiert kann er für bestimmte Themen eingesetzt werden und ist länger haltbar. Geben Sie den Schülern Regeln an die Hand oder sammeln Sie im Plenum Ideen. Am einfachsten ist folgende Vorgehensweise: Die Kinder drehen den Kreisel. Zu dem Wortbaustein, auf dem der Kreisel zum Liegen kommt, wird ein Wort gesucht. Alternativ können innerhalb einer bestimmten Zeit alle Wörter gezählt werden, die dem Spieler einfallen. Es können auch zwei Kreisel erstellt werden, die einmal nur mit Vorsilben und einmal nur mit Nachsilben beschriftet sind. Lassen sich Wörter finden, in denen beide Silben vorkommen?

KV Seite 63

Dieser Ober begriff den Oberbegriff

Dieses lustige Gespräch zeigt den Kindern besonders anschaulich, wie Ober- und Unterbegriffe funktionieren. So, wie sie vom Ober eingesetzt werden, sind sie übertrieben und fehl am Platz. Trotzdem kann sich der Leser aufgrund des Kontextes vorstellen, was der Ober jeweils meint. Erst bei der näheren Einteilung, in die verschiedenen Käsesorten beispielsweise, bekommt die Unterteilung einen Sinn.

Führen Sie die Terminologie „Ober-" und „Unterbegriff" ein. Legen Sie gemeinsam mit der Klasse an der Tafel eine erste Begriffspyramide an. Die vorgegebene Pyramide auf der Kopiervorlage könnte noch genauer unterteilt werden, ist für diesen Zweck jedoch ausreichend.

Lösung

Aufgabe 2:

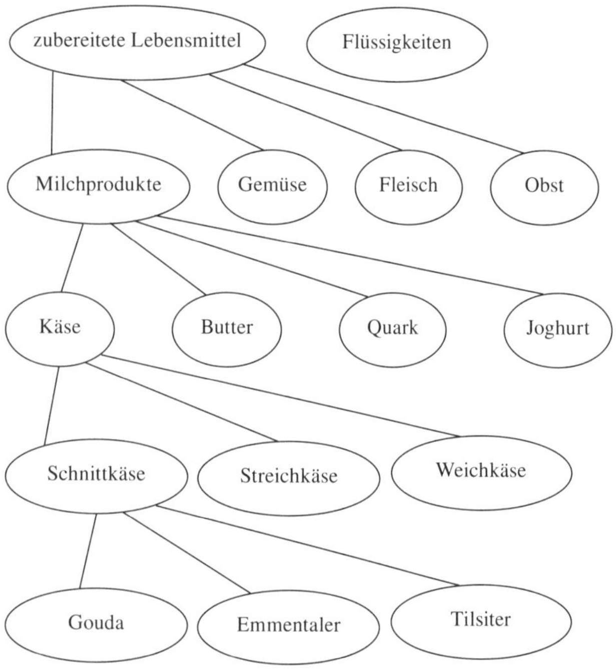

Weiterführende Anregungen

- Es wird den Schülern sicherlich Spaß machen, das Gespräch nachzuspielen. Lernstarke Schüler schaffen es vielleicht, selbst so ein Gespräch zu erfinden und aufzuschreiben.
- In Kurzform bietet sich dieses Prinzip als Spiel an: Jemand denkt sich einen Begriff aus und beginnt, ihn zu beschreiben. Dabei tastet er sich langsam vom Oberbegriff über die verschiedenen Unterbegriffe zum gedachten Begriff vor. Wer errät den Begriff zuerst?

KV Seite 64

Ober- und Unterbegriffe

Die Einteilung in Ober- und Unterbegriffe ist manchmal gar nicht so einfach, wie es auf den ersten Blick erscheint. Teilweise sind weitere und nähere Bestimmungen möglich und unterschiedliche Lösungen richtig, z.B. Großstadt oder Hauptstadt oder sogar europäische Groß- oder Hauptstadt. Die Aufgaben wurden so ausgewählt, dass die Schüler von verschiedenen Richtungen an die Begriffe herangehen müssen. Bei der ersten Aufgabe ist auch logisches Denken gefragt. Halten Sie die Schüler dazu an, jeweils die treffendsten Oberbegriffe auszuwählen.

Lösung

Aufgabe 1:

Regen, Tau, Hagel, Schnee: Niederschläge
Puppe, Teddybär, Springseil, Ball: Spielzeug
Paris, London, Berlin, Prag: europäische Hauptstädte
Schuhe, Hose, Pullover, Jacke: Kleidungsstücke
Mars, Venus, Erde, Jupiter: Planeten
Fiat, Mercedes, Renault, Porsche: Automarken

Aufgaben 2/3:

z.B. Musikinstrument, Saiteninstrument, Streichinstrument, Geige
Kunstwerk, Gemälde, Porträt, Selbstporträt
Landschaftsform, Gebirge, Mittelgebirge, Schwarzwald

Weiterführende Anregungen

- Geben Sie den Schülern Begriffe vor, zu denen sie Unterbegriffe finden müssen. Das kann als Wettbewerb allein oder als Gruppe stattfinden. Wer findet in einer vorgegebenen Zeit die meisten Begriffe? Schreiben Sie dazu die Oberbegriffe an die Tafel, z.B. Schreibgerät, Pflanze oder Kleidung.
- Die Schüler ordnen vorgegebene Begriffspaare nach Ober- und Unterbegriff. Anschließend finden sie weitere Unterbegriffe. Verpurzeln sie die Begriffspaare an der Tafel. Die Schüler ordnen selbstständig und ergänzen anschließend, z.B. Körper – Skelett, Möbel – Schrank, Mensch – Frau, Buch – Lexikon.

Name:

Schöne Aussichten

Bilde aus diesen Bausteinen möglichst viele Wörter. Ordne sie in die Tabelle ein. Den Baustein im Kasten nennt man Wortstamm. Markiere ihn in jedem Wort braun.

Aus-

-ung

Vor-

-en

-ig

Um-

Ab-

-bar

Be-

-los

Ein-

Wort gibt es	Wort gibt es vielleicht	Wort gibt es sicher nicht

Ergänze die Wörter, die es so nicht gibt, mit weiteren Bausteinen, sodass sinnvolle Wörter entstehen.

So eine Sammlung nennt man **Wortfamilie**. Wörter aus einer Wortfamilie haben meist einen gemeinsamen **Wortstamm** und Gemeinsamkeiten in der **Bedeutung**.

Wortbaukreisel

Martin hat sich etwas Lustiges ausgedacht. Er zeigt seinen Wortbaukreisel seinem Freund. Sofort beginnen sie zu spielen.

Bastle den Kreisel. Spiele anschließend mit einem Partner. Denkt euch selbst Regeln aus und schreibt sie auf.

Du brauchst:

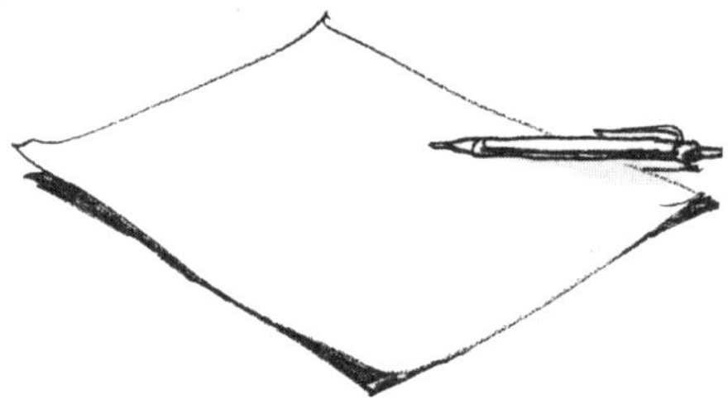

- Schere
- Karton
- Klebstoff
- Stift
- eine Ahle oder einen anderen spitzen Gegenstand
- Zahnstocher

So geht's:

1. Schneide die Scheibe aus. Entscheide, ob du viele oder weniger Felder brauchst.
2. Klebe sie auf einen Karton und schneide nochmals aus.
3. Schreibe in jedes Feld eine Vor- oder eine Nachsilbe. Bemale die Scheibe bunt.
4. Stich in die Mitte der Scheibe ein Loch und stecke den Zahnstocher durch.

Fertig ist dein Kreisel!

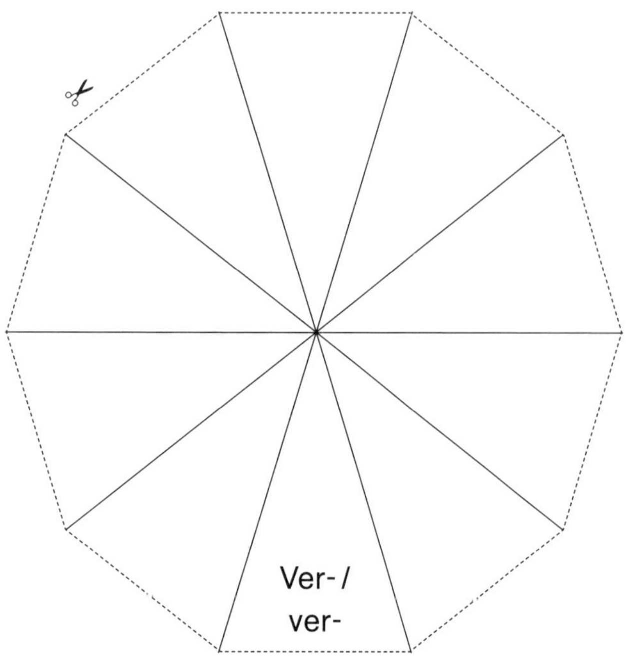

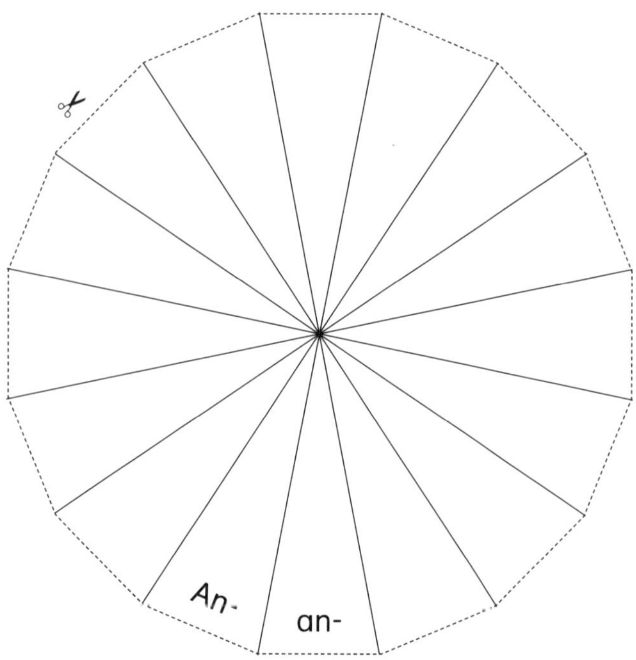

Name:

Dieser Ober begriff den Oberbegriff

Kugelblitz nimmt hungrig im Restaurant „Zum hellen Wahnsinn“ Platz. Da eilt auch schon der Ober herbei. Kugelblitz sieht ihn erwartungsvoll an.

Kugelblitz: Guten Tag. Was ist denn die Spezialität des Hauses?

Ober: Wir reichen gerne Flüssigkeiten und zubereitete Lebensmittel.

Kugelblitz: Flüssigkeiten? Und zubereitete was?

Ober: Zubereitete Lebensmittel. Lebensmittel verschiedenster Art: Getreideprodukte, Obst, Gemüse, Fleisch oder Milchprodukte …

Kugelblitz: *(irritiert)* So, so, Milchprodukte. Sie meinen Joghurt, Butter, Quark, Käse?

Ober: Ich merke schon, der Herr ist ein Kenner.

Kugelblitz: *(leicht genervt)* Gut, dann bringen Sie mir Käse.
(spöttisch) Mit GETREIDEPRODUKTEN als Beilage, bitte.

Ober: Sehr wohl. Welchen Käse möchte der Herr?

Kugelblitz: *(seufzt)* Welchen haben Sie denn?

Ober: Schnittkäse, Streichkäse, Weichkäse …

Kugelblitz: Gut, dann Schnittkäse.

Ober: Welcher Schnittkäse darf's denn sein?

Kugelblitz: *(genervt)* Meine Güte, irgendeiner! Gouda, Emmentaler, Tilsiter – ganz egal.

Ober: *(ruhig und höflich)* Gut, ich schlage die „Kleine Schnittkäsevariation“ vor.
(notiert bedächtig) So, nun zur Beilage. Sie hatten sich ja schon auf Getreideprodukte festgelegt. An was hat der Herr da gedacht?

Kugelblitz: *(ungläubig)* Das ist jetzt nicht Ihr Ernst, oder?

Warum ist Kugelblitz so genervt? Überlegt gemeinsam.

Ordnet die Begriffe zu den Nahrungsmitteln, die der Ober nennt, in eine Begriffspyramide wie in diesem Beispiel.

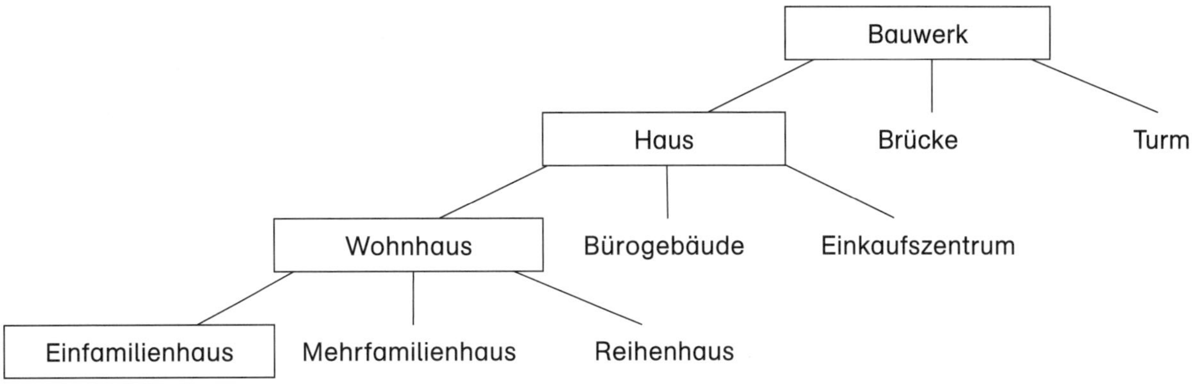

Name:

Ober- und Unterbegriffe

Finde für folgende Begriffe jeweils einen passenden Oberbegriff.

Regen, Tau, Hagel, Schnee: ______________________________

Puppe, Teddybär, Springseil, Ball: ______________________________

Paris, London, Berlin, Prag: ______________________________

Schuhe, Hose, Pullover, Jacke: ______________________________

Mars, Venus, Erde, Jupiter: ______________________________

Fiat, Mercedes, Renault, Porsche: ______________________________

Ordne die Wörter nach ihrer Bedeutung in drei Gruppen und male sie mit unterschiedlichen Farben an.

Saiteninstrument | Porträt | Gebirge | Kunstwerk | Gemälde

Landschaftsform | Mittelgebirge | Geige | Musikinstrument

Sortiere die Begriffe von oben nach unten, also vom allgemeinen zum speziellen Begriff. Kannst du weitere Begriffe ergänzen?

2. Kapitel: Satzlehre

Sätze bilden und verbinden

Vorbemerkung

Eine allgemeingültige Definition dessen, was ein Satz ist, gibt es nicht. Zum einen versteht man darunter eine relativ abgeschlossene sprachliche Einheit, die durch Großschreibung und Interpunktion gekennzeichnet wird. Schriftsteller, auch Kinderbuchautoren, gehen damit oft sehr frei um. Zum anderen gibt es ein grammatikalisches Verständnis vom Satz: Um eine grammatikalische Einheit, meist mit einem Verb (Prädikat) im Zentrum, gruppieren sich je nach Bedarf und Satzart weitere Satzglieder. Welche notwendig sind, um den Satz vollständig erscheinen zu lassen, wird vom Verb sowie vom Kontext des Satzes bestimmt. Auch gibt es gewisse Strukturen in der Reihenfolge der Satzglieder, z. B. die häufige Zweitstellung des Prädikats oder die sogenannte Verbklammer. Wegen der fehlenden allgemeingültigen und zugleich griffigen Definition des Begriffs Satz nähert man sich daher in der Deutschdidaktik gerne vom falsch klingenden (z. B. ungeordneten) oder unvollständigen Satz, um sich des richtig klingenden und vollständigen Satzes zu vergewissern. In der Satzlehre der Grundschule geht es um dieses intuitiv gesteuerte grammatikalische Verständnis eines schriftlichen Satzes.

Dabei werden einmal Satzarten nach Form und Inhalt (Aussage, Frage, Aufforderung) unterschieden. Das ist für die Wahl des Satzschlusszeichens wichtig, aber auch für die Intention des Sprechers bzw. Schreibers. Zum anderen untersucht man grundlegende Bauprinzipien von Sätzen, wendet operative Verfahren an und klassifiziert Satzglieder.

In der Satzlehre gibt es vier Verfahren, die in der Grundschule eine Rolle spielen: Klangprobe, Weglassprobe/Erweiterungsprobe, Umstellprobe und Ersatzprobe. Der Begriff Probe wirkt dabei teilweise etwas irreführend. Meist ist es eher ein spielerisches Probieren, um die verschiedenen semantischen und intentionalen Möglichkeiten eines Satzes auszuloten. Das läuft beispielsweise permanent beim Verfassen von Texten ab.

Bei der Klangprobe überprüft man durch das laute Lesen verschiedene Betonungsmöglichkeiten und damit verschiedene Interpretationen der Bedeutung eines Satzes.

Mit der Weglassprobe/Erweiterungsprobe untersucht man, welche Teile hinzugefügt bzw. weggelassen den Satz falsch werden lassen, ihm einen neuen Sinn geben, also im Kontext des Textes oder der Sprechsituation notwendig bzw. fakultativ sind.

Mit der Umstellprobe (Verschiebeprobe) werden die Satzglieder ermittelt. Satzglieder sind einzelne Wörter oder feststehende Wortgruppen. Außer dem Prädikat, das häufig Zweit- bzw. Zweit- und Schlussstellung behält, lassen sich im Deutschen die Satzglieder recht beliebig verschieben. Durch die Umstellung erfährt der Satz eine intentionale Schwerpunktsetzung. Das Satzglied am Anfang gewinnt an Bedeutung.

In der Ersatzprobe (Substitution) werden Satzglieder probeweise ersetzt, um die Bedeutungsänderung zu beobachten: „Wir gehen heute nicht in die Schule." „Sie gehen heute nicht in die Schule." „Wir gehen morgen nicht in die Schule." „Wir gehen heute nicht auf den Schulhof."

Sätze mit Konjunktionen verbinden zu können, gehört zum sprachlichen Handwerkszeug. Indem die Kinder das üben, erweitern sie ihre sprachlichen Optionen und verinnerlichen diese. Einige Konjunktionen verlangen eine Umstellung des angeschlossenen Satzes, z. B. „damit", „obwohl", „weil" und „dass". Allerdings sind nicht immer Konjunktionen das Mittel der Wahl. Manchmal sind zwei unabhängige Sätze durchaus pointierter.

Auf die Bestimmung von Satzgliedern wird im Kapitel „Satzglieder" nochmals eingegangen.

Lehrplanbezug

- Das Prinzip von Satztreppen erkennen und nachbauen
- Wörter zu Sätzen verbinden
- Aus vorgegebenen Bindewörtern ein passendes auswählen
- Zwei Sätze mit festgelegten Bindewörtern verbinden

Zu den Kopiervorlagen

KV Seite 68

Verschlüsselte Sätze

In der täglichen schriftlichen Kommunikation verständigt man sich häufig auf eine ökonomische Weise. Was heute der SMS-Stil ist, war jahrzehntelang der Telegrammstil. Noch im Jahr 1978 übermittelte die westdeutsche Bundespost rund dreizehn Mio. Telegramme. Sie wurden nach Wörtern abgerechnet, per Fernschreiber (später telefonisch) übermittelt und dem Adressaten mit einem Motorradkurier zugestellt. Die hohen Kosten zwangen zum Verzicht auf sonst übliche schriftsprachliche Konventionen. Die Kinder sollen den Telegrammstil der mütterlichen Nachricht in einen ausführlichen Brief verwandeln. Dabei sind verschiedene Lösungen möglich.

Lustig und anregend ist die zweite Aufgabe. Die Schüler finden den Satzanfang und bilden mit den vorgegebenen Wörtern einen sinnvollen Satz. Großschreibung und Satzzeichen innerhalb der Kästchen helfen dabei. Die Kinder können sich dann selbst solche Eckensätze ausdenken.

Lösung

Aufgabe 2:

z. B. Hallo, mein Großer,
Dein Essen steht im Kühlschrank auf dem blauen Teller. Mach es Dir in der Mikrowelle kurz warm. Zum Nachtisch kannst Du einen Joghurt essen. Achte darauf, den Kühlschrank immer richtig zu schließen. Vergiss bitte nicht abzuspülen! Mach anschließend gewissenhaft Deine Hausaufgaben. Ich komme heute später, aber Onkel Isidor ist im Notfall erreichbar. Seine Dienstnummer liegt neben dem Telefon. Heute Abend bringe ich Dir eine Überraschung mit. Ich bin stolz auf Dich. Küsschen von Mama

Aufgabe 3:

meiner	Oma
Erdbeerkuchen	schmeckt
Der	lecker.

Pause.	zur
Die	
Schulglocke	läutet

Das	hupt.
Auto	rote

in		den
Nachbarn		die
Urlaub.	Gestern	fuhren

Der Erdbeerkuchen meiner Oma schmeckt lecker.
Die Schulglocke läutet zur Pause.
Das rote Auto hupt.
Gestern fuhren die Nachbarn in den Urlaub.

Weiterführende Anregung

Martin schreibt an seine Mutter. Ihm ist nämlich etwas Wichtiges dazwischengekommen. Er benutzt den Telegrammstil.
Liebe Mama – bin um 6 Uhr zurück – mit Lisa noch bei Onkel Isidor – wichtige Ermittlungen – keine Sorge – alles im Griff – Handy dabei – Hausaufgaben fertig auf Schreibtisch – Essen lecker – Martin
Die Schüler schreiben die Nachricht ausführlich auf und bilden dabei vollständige Sätze.

KV Seite 69

Satzbaumeister

Die Kinder wissen, dass die Wörter eines Satzes nicht in beliebiger Reihenfolge stehen dürfen. Der Satzbau im Deutschen erlaubt allerdings mehr Freiheiten als in vielen anderen Sprachen. Das Prädikat behält dabei in der Regel die Zweitstellung, bei Fragen kann es nach vorn rücken. Bei mehrteiligen Prädikaten kommt es zur Verbklammer. Die Kinder werden sich intuitiv innerhalb dieser Strukturen bewegen, alles andere wird meist als falsch empfunden. Sie können beim Lösen dieser Aufgabe zu unterschiedlichen Lösungen kommen. Sind alle gleich gut? Wie wirken die Sätze im Textzusammenhang? Die Aufgabe wird leichter, wenn Sie das erste Wort vorgeben. Die Kinder erzählen im Anschluss die Geschichte mündlich oder schriftlich weiter.

Satztreppen lassen sich aus jedem Satz erstellen. Die Idee der Erweiterungs- sowie der Weglassprobe werden hier aufgegriffen. Den besonderen Pfiff erhalten Satztreppen, wenn jede Stufe bereits als Satz „funktioniert". Die Kinder können die unteren Stufen der Satztreppe abdecken und Vermutungen äußern, wie sie weitergeht. Mit jedem Wort, das hinzukommt, liefern die Sätze neue überraschende Aussagen.

Die Schüler experimentieren selbst mit Satztreppen. Sie beginnen am besten mit einem Satzskelett aus Subjekt und Prädikat, das ohne Ergänzung auskommt. Wenn ein Verb mit Vorsilbe gewählt wird, kann jeweils eine zusätzliche Stufe eingebaut werden. Sammeln Sie mit den Kindern solche Verben: ab-/auf-/zuschneiden, aufessen, zu-/ab-/ein-/aus-/vor-/anziehen, aus-/ein-/auf-/vor-/angehen.

Beispiellösung

Aufgabe 1:

Martins Detektivclub die „Spürnasen" hocken trübsinnig in ihrem Clubhaus.

Seit drei Tagen regnet es ohne Unterbrechung.
Schon lange hatten sie keinen richtigen Fall mehr.
Plötzlich lässt ein gewaltiger Knall die Wände wackeln.
Erschrocken halten die Kinder den Atem an.
Durch das prasselnde Geräusch des Regens hören sie Schritte.
Dann erscheint am Fenster ein Gesicht.

Weiterführende Anregungen

- Reduzieren Sie die Sätze eines Lesebuchtextes auf jeweils drei Wörter und lassen Sie die Kinder den Text rekonstruieren. Hinterher kann man die entstandenen Geschichten prima mit der Originalgeschichte im Buch vergleichen.
- Erzählen Sie den Kindern eine Geschichte, die nur aus Nomen besteht. Verstehen die Schüler alles? Geht es mit „nur Verben“ oder „nur Adjektiven“ genauso leicht?
- Als mündliche Übung kann folgendes Sprachspiel in der Kleingruppe durchgeführt werden: Ein Kind nennt das erste Wort eines Satzes. Das nächste Kind wiederholt das Wort und fügt ein zweites an. Das geht so lange, bis der Satz zu Ende ist. Das Kind, das an der Reihe ist, sagt dann „Punkt“.
  Das kann auch als Schreibspiel durchgeführt werden. Dafür erhält jeder Spieler ein Blatt Papier. Die erste Stufe wird aufgeschrieben und dann nach links weitergegeben. Die zweite Stufe wird ergänzt und das Blatt wiederum weitergegeben. Das geht so lange, bis jeder Satz zu Ende ist. Am Ende werden die Satztreppen nochmals vorgelesen.
  Ein weiteres Beispiel ist:
  Fritz Pommes schreibt.
  Fritz Pommes schreibt Sonja.
  Fritz Pommes schreibt Sonja niemals.
  Fritz Pommes schreibt Sonja niemals auf ihren Tisch.

KV Seite 70

Kugelblitz beim Arzt

Die Kinder wählen aus den vorgeschlagenen Konjunktionen aus und setzen sie passend in die Lücken ein. Die oberen Sätze müssen dafür nicht umgestellt werden, sodass hier nur auf inhaltliche Logik geachtet werden muss.

Lösung

Aufgabe 1:

„Ich mache mir schon die erste Chipstüte auf, ~~weil~~/während/~~obwohl~~ ich die Tagesschau sehe.“
„Sie essen noch immer Chips, ~~damit/als~~/obwohl ich ihnen davon abgeraten habe?“
„Ich esse Chips, aber/~~dass/damit~~ ich kaufe immer die Sorte mit 40 % weniger Fett.“
„Sie wissen doch, ~~damit/aber~~/dass fettfreie Zwischenmahlzeiten viel besser wären. Ein leckerer Apfel ist viel gesünder, weil/~~damit/denn~~ er wenig Kalorien und dazu noch zahlreiche Vitamine hat.“

Aufgabe 2:

„Ich weiß das alles, Herr Doktor, doch manchmal überkommt es mich einfach.“
„Sie müssen bedenken, dass Sie mit Ihrem Ernährungsverhalten ein schlechtes Vorbild für ihren Neffen sind.“
Kugelblitz zieht nachdenklich den Bauch ein, als er die Praxis verlässt.

Weiterführende Anregung

Lassen Sie die Kinder ein Produkt erfinden und dafür werben. Sie verwenden Sätze mit Bindewörtern. Großen Spaß machen Werbeparodien: Ich esse gerne „Fruchti Fruchtbonbons“, weil man davon so schöne Löcher in die Zähne bekommt.

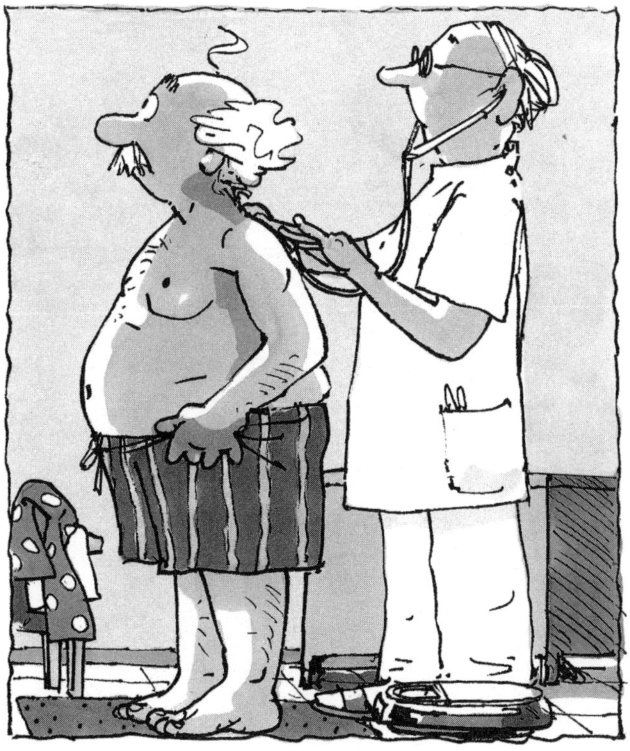

Name:

Verschlüsselte Sätze

Als Martin nach der Schule nach Hause kommt, findet er eine Nachricht auf dem Küchentisch. Seine Mutter hatte es eilig und schrieb im Telegrammstil.

Lies die Nachricht. Verstehst du alles?

Hallo Großer – Essen (blauer Teller) im Kühlschrank – kurz warm machen (Mikrowelle) – zum Nachtisch Joghurt – Kühlschrank zu – abspülen nicht vergessen – Hausaufgaben gewissenhaft – komme heute später – Onkel Isidor im Notfall erreichbar – Dienstnummer neben Telefon – heute Abend Überraschung – stolz auf Dich – Küsschen Mama

Bilde vollständige Sätze und schreibe die Nachricht auf ein Blatt.

Hallo mein Großer,
Dein Essen steht im Kühlschrank auf dem blauen Teller. Mach es Dir in der Mikrowelle kurz warm …

Ums Eck gelesen! Markiere jeweils den Beginn und den Verlauf der Sätze. Schreibe sie in dein Heft.

meiner	Oma
Erdbeerkuchen	schmeckt
Der	lecker.

Pause.	zur
Die	
Schulglocke	läutet

Das	hupt.
Auto	rote

in	den	
Nachbarn	die	
Urlaub	Gestern	fuhren

Denke dir weitere Eckensätze aus und schreibe sie als Rätsel für die Klasse auf ein Blatt.

Satzbaumeister

Baue sinnvolle Sätze. Du darfst kein Wort verändern, nichts hinzufügen oder wegnehmen. Setze das passende Satzschlusszeichen und schreibe die Satzanfänge groß.

ihrem – „Spürnasen“ – trübsinnig – die – hocken – Clubhaus – in – Martins Detektivclub

Martins Detektivclub die „Spürnasen“ hocken ______________________________

drei – Unterbrechung – seit – regnet – ohne – es – Tagen

____

hatten – lange – sie – Fall – keinen – richtigen – schon – mehr

____

wackeln – gewaltiger – die – plötzlich – Wände – ein – lässt – Knall

____

an – Atem – Kinder – erschrocken – die – halten – den

____

Geräusch – des – Regens – sie – Schritte – hören – prasselnde – das – durch

____

Fenster – dann – am – Gesicht – erscheint – ein

____

Lies die Satztreppe und überlege, wie sie funktioniert.

Zwiebel klebt.
Zwiebel klebt immer.
Zwiebel klebt immer zu viel Porto.
Zwiebel klebt immer zu viel Porto auf den Briefumschlag.

Schreibe mit einem Partner selbst solche Satztreppen. Verwendet am besten Verben (Tunwörter), die eine Vorsilbe wie „ab-“, „zu-“, „ein-“, „auf-“, „aus-“, „vor-“ oder „an-“ haben.

Name:

Kugelblitz beim Arzt

Kugelblitz muss sich den kritischen Fragen des Doktors stellen, der mit dem Gewicht des Kommissars nicht zufrieden ist.

Bindewörter tragen ihren Namen zu Recht, weil man damit zwei Sätze **verbinden** kann. Manchmal muss man den zweiten Satzteil umstellen.

Sätze oder Satzglieder können durch Bindewörter verbunden werden. Jeweils eins der drei Bindewörter passt. Streiche die anderen beiden durch.

„Ich mache mir schon die erste Chipstüte auf, weil / während / obwohl ich die Tagesschau sehe."

„Sie essen noch immer Chips, damit / als / obwohl ich ihnen davon abgeraten habe?"

„Ich esse Chips, aber / dass / damit ich kaufe immer die Sorte mit 40 % weniger Fett."

„Sie wissen doch, damit / aber / dass fettfreie Zwischenmahlzeiten viel besser wären. Ein leckerer Apfel ist viel gesünder, weil / damit / denn er wenig Kalorien und dazu noch zahlreiche Vitamine hat."

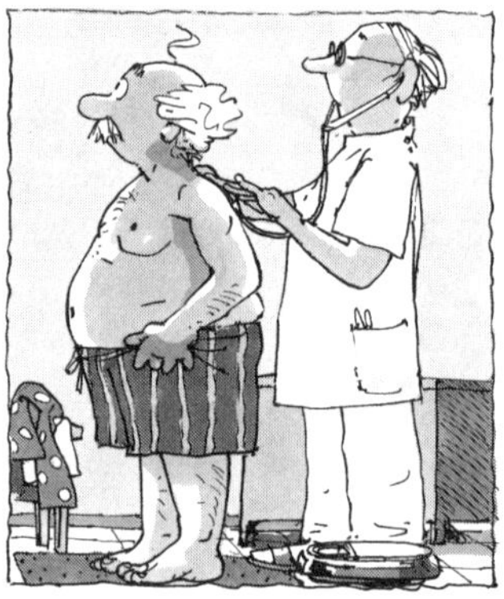

Verbinde die Sätze und schreibe sie auf. Achtung: Manche Sätze musst du umstellen!

„Ich weiß das alles, Herr Doktor. Manchmal überkommt es mich einfach." (denn, damit, doch)

____

____

„Sie müssen das bedenken. Sie sind mit Ihrem Ernährungsverhalten ein schlechtes Vorbild für ihren Neffen." (wenn, damit, dass)

____

____

Kugelblitz zieht nachdenklich den Bauch ein. Er verlässt die Praxis. (als, wenn, damit)

____

____

Satzarten und Satzzeichen

Vorbemerkung

Zur schriftlichen Darstellung von Sätzen kommt im mündlichen Gebrauch auch immer die Ausdrucksweise des Sprechers hinzu. Durch die Betonung kann ein Satz ganz unterschiedliche Botschaften transportieren. Um die Fülle der Betonungsmöglichkeiten ausschöpfen und die verschiedenen Wirkungen nutzen zu können, braucht man jedoch ein gewisses Sprachgefühl. Das kann bei der Gestaltung von Lesevorträgen regelmäßig geschult werden. Die Kinder üben in diesem Abschnitt, wie man Aufforderungen oder Fragen erkennen und ausdrücken kann. Nicht immer braucht man dafür ein Ausrufe- oder Fragezeichen. Die korrekte Interpunktion bei der wörtlichen Rede ist ein wichtiger Bestandteil des Deutschunterrichts in der 3. und 4. Klasse. Auch darauf wird näher eingegangen.

Lehrplanbezug

- Verschiedene Möglichkeiten kennenlernen, Aufforderungen auszudrücken
- Durch Betonen Fragesätze erkennen
- Satzschlusszeichen setzen
- Begleitsätze passend ergänzen
- Stellung des Begleitsatzes variieren

Zu den Kopiervorlagen

KV Seite 74

Auf die Betonung kommt es an!
Diese Aufgaben sind anspruchsvoller, da sie ein gewisses Maß an Sprachgefühl voraussetzen. Bearbeiten Sie die Aufgaben mit lernschwächeren Kindern zusammen und betonen Sie besonders deutlich, sodass die Unterschiede gut hörbar sind. Nicht alle Fälle sind eindeutig und können in der Klasse diskutiert werden. Sprachlich begabte Kinder werden bei der zweiten Aufgabe selbstständig weitere Formulierungen entwickeln.

Bei der dritten Aufgabe vertiefen die Kinder die Einsicht, dass jede Äußerung durch Verändern der Satzmelodie in eine Frage verwandelt werden kann. Sätze, die wegen der Erststellung eines Prädikatteils oder eines Fragewort als Fragesatz gekennzeichnet sind, werden auch ohne die typische Fragemelodie immer wie eine Frage klingen.

Lösung
Aufgabe 1:
z.B. rot: Pass bitte auf! Pass gut auf! Aufgepasst! Dass du ja aufpasst! Bloß aufpassen! Bitte aufpassen! Jetzt wird aber aufgepasst!

gelb: Du passt aber auf, ja? Du hast aufzupassen. Passt du auf? Ich wünsche, dass du aufpasst. Du wirst gut aufpassen. Wirst du wohl aufpassen?

grün: Ein guter Hilfspolizist passt auf. Da hast du sehr gut aufgepasst. Ich passe auf. Du passt schon erstaunlich gut auf.

Aufgabe 2:
z.B. Hör gut zu! Sofort zuhören! Hör mir doch mal zu! Bitte zuhören! Alle mal zuhören! Sei still und hör zu!

Aufgabe 3:
rot: Trägt der Verdächtige einen Schnurrbart? – Was hat er nur vor? – Ist er gefährlich? – Warum macht ihn das verdächtig? – Mit wem trifft er sich?

gelb: Er wohnt seit zwei Wochen in dem Haus? – Um seinen Hals baumelt stets ein Fernglas? – Jeden Abend gegen sechs geht er spazieren?

Aufgabe 4:
Sie beginnen mit einem <u>Fragewort</u> oder mit dem <u>Prädikat</u>.

KV Seite 75

Interessante Gedanken

Diese Kopiervorlage behandelt die Satzschlusszeichen sowie die Unterscheidung von Redeteil und Begleitsatz in der wörtlichen Rede. Ausrufezeichen ermöglichen es, Äußerungen zu akzentuieren. Dabei kommt es nicht auf die Lautstärke an, mit der etwas gesagt wird. Auch Geflüstertes, Gezischtes oder mühsam Hervorgepresstes kann durch ein Ausrufezeichen hervorgehoben werden. Damit sich dieses Zeichen in seiner Wirkung nicht „abnutzt", sollte man es sparsam verwenden. Im vorliegenden Dialog gibt es drei Sätze, die mit einem Punkt oder einem Ausrufezeichen abgeschlossen werden können.

Im zweiten Teil der Seite wird näher auf die Begleitsätze und die Interpunktion bei der wörtlichen Rede eingegangen. Begleitsätze sind ein Mittel, um die Wirkung der direkten Rede zu steuern. Je nachdem, für welche Verben sich die Kinder entscheiden, erhält das Gespräch eine entsprechende Färbung: Kichert Lisa über Martins Spott? Ist Martin eher gelangweilt, genervt oder ernsthaft interessiert an Lisas „interessantem Gedanken"? Ist Lisas letzter Satz wirklich eine Frage oder hat sie sich spontan überlegt Martin weiter zappeln zu lassen, sich für seinen Spott zu revanchieren und diesen Satz als bahnbrechende Erkenntnis zu präsentieren? Die Arbeit an den Begleitsätzen kann als Anregung dienen, den Dialog von verschiedenen Kindern auf ganz unterschiedliche Art vorspielen zu lassen.

Beispiellösung

Aufgaben 2/3:

Lisa ruft: „Komm doch mal, bitte!"
Martin fragt: „Was hast du denn?"
Lisa verkündet feierlich: „Mir ist gerade ein interessanter Gedanke gekommen."
Martin spottet: „Sensationell!"
Lisa wundert sich: „Was ist sensationell?"
Martin erwidert: „Lisa denkt interessante Gedanken.(!)"
Lisa schimpft: „Quatschkopf!"
Martin drängelt: „Jetzt schieß los!"
Lisa bittet: „Du musst mir aber versprechen, nicht zu lachen.(!)"
Martin gibt zurück: „Das kommt darauf an."
Lisa droht: „Wehe, du lachst!"
Martin fleht: „Jetzt mach's nicht so spannend.(!)"
Lisa sagt unschuldig: „Ich denke, Jungen lieben es spannend?"
Martin will wissen: „War das jetzt schon dein interessanter Gedanke?"

Weiterführende Anregung

Lassen Sie die Schüler eine Wortsammlung zum Wortfeld „sagen" anlegen, die ständig erweitert wird. Dazu können die Kinder auch in Büchern suchen. Führen Sie anschließend mit der Klasse ein Ratespiel durch: Geben Sie einen Satz vor, z. B.: „Der Hausmeister kommt heute später, weil sein Meerschweinchen verschlafen hat." Lassen sie diesen Satz von den Schülern unterschiedlich sprechen, z. B. fragen, rufen, verzweifelt jammern, resigniert seufzen, jubeln. Die Gruppe muss den passenden Begleitsatz formulieren.

KV Seite 76

Witze mit wörtlicher Rede

Die Kinder erfahren beim Lesen des Textes, dass Redezeichen hilfreich sind, um die wörtliche Rede schnell erkennen und den Text richtig deuten zu können. Anschließend wird die Interpunktion bei nachgestelltem Begleitsatz eingeführt und geübt.

Lösung

Aufgabe 2:

Kriminalhauptmeister Zwiebel hat heute sehr schlechte Laune**.** Kurz vor Schichtwechsel stürmt ein aufgeregter Mann in die Wache und stößt hervor**: „**Es ist ungeheuerlich**!** Mein Fahrrad wurde geklaut**!"**
Zwiebel nimmt seinen Protokollblock und fragt**: „**Hatten sie daran eine Beleuchtungsanlage montiert**?"**
Der Mann blickt irritiert**.** Er antwortet aber wahrheitsgemäß**: „**Nein**."**
Zwiebel knurrt**: „**Wunderbar**.** Dann macht das erst mal 20 Euro Strafe**."**

Aufgabe 3:

Ein Mann überfährt ein Huhn und geht zum nächsten Bauern.
Er fragt ihn geknickt: „Ist das ihr Huhn?"
Da antwortet der Bauer: „Nein, so platte Hühner habe ich nicht."

Aufgabe 4:

Draco, Vitkors kleiner Sohn, kommt heulend von der Schule nach Hause**. „**Was ist denn passiert**?",** will Victor wissen**.**
„Ich muss 100-mal schreiben: Ich darf nicht hauen**",** antwortet Draco**.**
„Das geschieht dir recht**!",** schimpft Victor**. „**Wie oft habe ich dir schon gesagt, dass du beißen sollst**?"**

KV Seite 77

Die Micky-Maus-Bande war es nicht!

Die Einsicht in die Unterscheidung von direkter Rede und Begleitsatz wird vertieft. Die Schüler können ausprobieren, wie sich der gesamte Text am besten anhört, also die Stellung der Begleitsätze variieren. Dafür bringen sie die Äußerungen von Kugelblitz und den Ganoven in die richtige Reihenfolge, sodass die Geschichte vollständig ist. Soll der Begleitsatz in der Mitte stehen, muss die wörtliche Rede entsprechend zerschnitten werden. Vor dem nachgestellten Begleitsatz muss gegebenenfalls der Punkt des gesprochenen Satzes abgeschnitten werden. Dann kleben die Kinder die Streifen auf ein Blatt. Am Ende werden die Anführungszeichen ergänzt.

Beispiellösung

„Spazieren gehen! Frische Luft ist so gesund“, erwidert Ede treuherzig.

„Dann war da dieser furchtbare Knall“, fährt Paul fort.

Emil ergänzt unschuldig: „Na ja, wir wollten nur sehen, was los war.“

„Also, ich tippe auf jugendliche Rowdys“, empört sich Gustav.

„Ich glaube euch kein Wort! Wir werden sicher ein paar schöne Fingerabdrücke von euch auf dem Stein finden“, sagt Kugelblitz gelassen.

„Pech für Sie! Der Stein war dazu nicht glatt genug“, meint Paul höhnisch.

„Außerdem haben wir vorher extra Handschuhe angezogen“, fügt Ede triumphierend hinzu.

„Schnauze, ihr Idioten!“, befiehlt Gustav.

Emil seufzt ergeben: „Ich fürchte, Sie haben mal wieder gewonnen, Herr Kommissar.“

KV Seite 78

Komma her!

Die Kommaregel bei einer Aufzählung ist leicht verständlich und in ihrer Bedeutung unmittelbar nachvollziehbar. Beginnen Sie mit Begriffen von Gegenständen und erweitern Sie dann allmählich die Aufzählungsglieder. Lernschwächeren Schülern können Sie die Anzahl der Kommas je Satz als Hilfe vorgeben.

Lösung

Aufgabe 1:

z. B. Aufzählungsglieder werden mit Kommas voneinander abgetrennt. Der letzte aufgezählte Begriff wird mit „und“, „oder“ oder „sowie“ angeschlossen. Davor steht kein Komma.

Aufgabe 2:

Zu den deutschen Mittelgebirgen gehören der Schwarzwald, der Bayerische Wald, das Erzgebirge, der Harz, das Fichtelgebirge sowie die Schwäbische Alb.

Für die Verabredung mit der Millionenerbin benötigt Teddy Trickser seinen besten Anzug, ein Einstecktuch, gewienerte Schuhe, seinen falschen Goldring und eine rote Rose.

Bei heißem Wetter will Martin entweder Schwimmen gehen, im kühlen Zimmer bleiben, sich im Wald aufhalten oder in die Eisdiele gehen.

Aufgabe 3:

Berta Bleifuß fuhr gestern über drei rote Ampeln, über zwei Stopp-Schilder und/sowie in den Stadtweiher.

Die Bergsteigerin Karla Kraxl bestieg im vergangenen Jahr den Kilimandscharo, den Watzmann und/sowie den Mount Everest.

Sonja Sandmann schenkt ihrem Freund entweder ein Buch, eine Theaterkarte oder einen Pullover.

Weiterführende Anregung

Die Kinder schreiben eigene Sätze mit Aufzählungen und setzen die Kommata. Geben Sie als Impuls geeignete Satzanfänge vor:

„Zu den Säugetieren gehören …“, „Die Hexe würzt ihre Suppe mit …“, „Zu meiner Familie gehören …“, „Meine Hobbys sind …“ usw.

Name:

Auf die Betonung kommt es an!

Versuche Kugelblitz' Ermahnungen so vorzulesen, dass man die Aufforderung deutlich heraushören kann. Markiere die Sätze, bei denen das ganz leicht ist, rot und die, bei denen es schon mehr Mühe kostet, gelb. Gelingt dir eine solche Aufforderungsbetonung nicht, markiere den Satz grün.

Achtung: Auch in Fragesätzen oder Aussagesätzen steckt manchmal eine Aufforderung!

Pass bitte auf! Ein guter Hilfspolizist passt auf. Pass gut auf!

Du passt aber auf, ja? Du hast aufzupassen. Da hast du sehr gut aufgepasst.

Aufgepasst! Passt du auf? Ich passe auf. Dass du ja aufpasst!

Du passt schon erstaunlich gut auf. Ich wünsche, dass du aufpasst.

Bloß aufpassen! Bitte aufpassen! Du wirst gut aufpassen.

Jetzt wird aber aufgepasst! Wirst du wohl aufpassen?

Schreibe auf ein Blatt verschiedene Aufforderungssätze mit dem Verb „zuhören".

Markiere die Sätze, die ein Fragezeichen bekommen müssen, rot. Markiere die, die eins bekommen können, wenn man sie entsprechend betont, gelb. Trage sie ein.

Trägt der Verdächtige einen Schnurrbart

Um seinen Hals baumelt stets ein Fernglas

Was hat er nur vor

Jeden Abend gegen sechs geht er spazieren

Ist er gefährlich

Warum macht ihn das verdächtig

Er wohnt seit zwei Wochen in dem Haus

Mit wem trifft er sich

Woran erkennt man bei den rot markierten Sätzen, dass sie Fragesätze sind?

Sie beginnen mit einem **gewortFra** ______________________ oder mit dem **katdiPrä** ______________________.

Name:

Interessante Gedanken

Hier geht es um Satzarten und die entsprechenden Satzzeichen. Lest das Gespräch mit verteilten Rollen.

Nach einem Aussagesatz steht ein Punkt. Nach einem Fragesatz steht ein Fragezeichen. Nach einem Ausruf oder einer nachdrücklichen Aufforderung steht ein Ausrufezeichen.

Lisa: Komm doch mal, bitte
Martin: Was hast du denn
Lisa: Mir ist gerade ein interessanter Gedanke gekommen
Martin: Sensationell
Lisa: Was ist sensationell
Martin: Lisa denkt interessante Gedanken
Lisa: Quatschkopf
Martin: Jetzt schieß los
Lisa: Du musst mir aber versprechen, nicht zu lachen
Martin: Das kommt darauf an
Lisa: Wehe, du lachst
Martin: Jetzt mach's nicht so spannend
Lisa: Ich denke, Jungen lieben es spannend
Martin: War das jetzt schon dein interessanter Gedanke

Setze hinter jede Äußerung ein Satzzeichen: Punkt, Fragezeichen oder Ausrufezeichen.

Überlege dir zu jeder Äußerung einen Begleitsatz. Verwende alle nötigen Satzzeichen für die wörtliche Rede. Schreibe auf ein Blatt.

spottet	schimpft	warnt	erkundigt sich
ruft	droht	fragt	bittet
fleht	drängelt	will wissen	sagt unschuldig
erwidert	gibt zurück	wundert sich	verkündet feierlich

Lisa ruft: „Komm doch mal, bitte!"
Martin fragt: „Was hast du denn?"
Lisa verkündet feierlich: ...

Name:

Witze mit wörtlicher Rede

Überlege, welche Teile in dem Text zur wörtlichen Rede gehören. Unterstreiche sie.

Setze die fehlenden Punkte, Doppelpunkte, Frage- und Ausrufezeichen sowie die Anführungszeichen für die wörtliche Rede ein.

Kriminalhauptmeister Zwiebel hat heute sehr schlechte Laune   Kurz vor Schichtwechsel stürmt ein aufgeregter Mann in die Wache und stößt hervor   Es ist ungeheuerlich   Mein Fahrrad wurde geklaut   Zwiebel nimmt seinen Protokollblock und fragt   Hatten sie daran eine Beleuchtungsanlage montiert
Der Mann blickt irritiert Er antwortet aber wahrheitsgemäß   Nein
Zwiebel knurrt   Wunderbar Dann macht das erst mal 20 Euro Strafe

Den Begleitsatz der wörtlichen Rede kann man auch nachstellen. Er wird dann mit einem Komma abgetrennt.

Stelle die Sätze so um, dass die wörtliche Rede hinten steht. Beachte die Satzzeichen.

Ein Mann überfährt ein Huhn und geht zum nächsten Bauern.

„Ist das ihr Huhn?“, fragt er ihn geknickt.

____

„Nein, so platte Hühner habe ich nicht“, antwortet da der Bauer.

____

Setze die fehlenden Punkte, Kommas, Frage- und Ausrufezeichen sowie die Anführungszeichen für die wörtliche Rede ein.

Draco, Victors kleiner Sohn, kommt heulend von der Schule nach Hause   Was ist denn passiert   will Victor wissen
Ich muss 100-mal schreiben: Ich darf nicht hauen   antwortet Draco
Das geschieht dir recht   schimpft Victor   Wie oft habe ich dir schon gesagt, dass du beißen sollst

Name:

Die Micky-Maus-Bande war es nicht!

Kommissar Kugelblitz trifft nachts um 3 Uhr vor der eingeworfenen Scheibe eines Juweliergeschäfts Ede, Paul, Emil und Gustav von der Micky-Maus-Bande.
„Na, so ein Zufall!“, ruft Kugelblitz. „Was macht ihr denn hier?“

vorangestellter Begleitsatz
________: „----------------“

nachgestellter Begleitsatz
„--------------?“, ________.

Begleitsatz in der Mitte
„--------!“, ________. „--------.“

In den Streifen steht die Fortsetzung der Geschichte.
Markiere die wörtliche Rede gelb und die Begleitsätze grün.
Schneide die Streifen aus und füge sie passend zusammen.

✂

Spazieren gehen! Frische Luft ist so gesund.	
Also, ich tippe auf jugendliche Rowdys.	
Außerdem haben wir vorher extra Handschuhe angezogen.	
Dann war da dieser furchtbare Knall.	
Ich glaube euch kein Wort! Wir werden sicher ein paar schöne Fingerabdrücke von euch auf dem Stein finden.	
Schnauze, ihr Idioten!	
Na ja, wir wollten nur sehen, was los war.	
Pech für Sie! Der Stein war dazu nicht glatt genug.	
Ich fürchte, Sie haben mal wieder gewonnen, Herr Kommissar.	
Ede erwidert treuherzig:	, erwidert Ede treuherzig.
Paul fährt fort:	, fährt Paul fort.
Emil ergänzt unschuldig:	, ergänzt Emil unschuldig.
Gustav empört sich:	, empört sich Gustav.
Kugelblitz sagt gelassen:	, sagt Kugelblitz gelassen.
Paul meint höhnisch:	, meint Paul höhnisch.
Ede fügt triumphierend hinzu:	, fügt Ede triumphierend hinzu.
Gustav befiehlt:	, befiehlt Gustav.
Emil seufzt ergeben:	, seufzt Emil ergeben.

Name:

Komma her!

Lies den Beispielsatz. Formuliere die Regel für die Kommasetzung bei einer Aufzählung.

Beispiel: Ein Polizist im Dienst trägt gewöhnlich seine Dienstwaffe, seinen Dienstausweis, Handschellen am Gürtel und seine Uniform.

Wende die Regel an. Setze Kommas.

Zu den deutschen Mittelgebirgen gehören der Schwarzwald der Bayerische Wald das Erzgebirge der Harz das Fichtelgebirge sowie die Schwäbische Alb.

Für die Verabredung mit der Millionenerbin benötigt Teddy Trickser seinen besten Anzug ein Einstecktuch gewienerte Schuhe seinen falschen Goldring und eine rote Rose.

Bei heißem Wetter will Martin entweder Schwimmen gehen im kühlen Zimmer bleiben sich im Wald aufhalten oder in die Eisdiele gehen.

Bilde aus diesen Bausteinen drei Sätze mit einer Aufzählung und schreibe sie ins Heft. Verwende „oder“, „und“ oder „sowie“.

Berta Bleifuß	bestieg im vergangenen Jahr	über drei rote Ampeln
		ein Buch
		den Kilimandscharo
		über zwei Stopp-Schilder
Die Bergsteigerin Karla Kraxl	schenkt ihrem Freund entweder	eine Theaterkarte
		den Watzmann
		einen Pullover
		den Mount Everest
Sonja Sandmann	fuhr gestern	in den Stadtweiher

Satzglieder

Vorbemerkung

Wie bereits in der Vorbemerkung zu „Sätze bilden und verbinden“ angesprochen, können Satzglieder durch verschiedene Verfahren bestimmt werden. Die wichtigste Probe ist dabei die Umstellprobe. Sie ist von zentraler Bedeutung, um Satzglieder voneinander abzugrenzen. Das Umstellen von Sätzen ist eine wichtige Technik beim Verfassen und Überarbeiten von Texten. Wichtiges wird an den Satzanfang verschoben, der Satzbau wird variabel.

In Zweifelsfällen wird die Umstellprobe durch die Ersatzprobe ergänzt. Dabei werden Satzglieder durch andere Umschreibungen oder durch Pronomen ersetzt. In der Grundschule ist diese Probe jedoch ausschließlich als Handwerkszeug beim Verfassen und Überarbeiten von Texten von Bedeutung.

Die Klassifizierung von Satzgliedern ist ein äußerst komplizierter Bereich der Grammatik. Da ist zunächst das Prädikat, das im Satz eine übergeordnete Funktion einnimmt. Die deutsche Umschreibung lautet gemeinhin Satzaussage oder Satzkern. Das Prädikat ist der Kern des Satzes, es ist die Schaltzentrale, die ihre Satzglieder regiert und steuert.

Das Prädikat besteht immer aus einem Verb. Besteht es aus einer Verbform, haben wir ein einteiliges Prädikat, sonst spricht man von einem mehrteiligen Prädikat. Für Grundschulkinder ist die Unterscheidung der Begriffe Prädikat und Verb sehr abstrakt und daher schwierig zu verstehen. Gerade haben sie gelernt, einige Wortarten zu unterscheiden, nun sollen sie funktionale Teile eines Satzes bezeichnen.

Das Subjekt ist die erste Satzergänzung bzw. das erste Satzglied. Auch diese Einteilung ist funktionaler Art: Wer oder was tut hier etwas? Es erscheint altersgemäß, auch dem Subjekt – gegenüber den anderen Satzgliedern – eine hervorgehobene Stellung zu verschaffen. Dies ist mit der deutschen Bezeichnung Satzgegenstand ausgedrückt. Viele Sätze funktionieren schon mit Subjekt und Prädikat. Die beiden werden hier deshalb als Satzgerippe bezeichnet.

Alle weiteren Satzglieder sind nach diesem Verständnis, abweichend von der Duden-Terminologie, Ergänzungen. Je nach Prädikat und Kontext sind diese Ergänzungen hilfreich, oft sogar notwendig, weil der Satz sonst „komisch“ klingt. Diese Einsicht bei den Schülern zu fördern ist wichtig.

In der traditionellen Schulgrammatik wird die Unterscheidung in Objekte (Genitiv-, Dativ-, Akkusativobjekt) und sogenannte adverbiale Bestimmungen weiter ausgeführt. Die Behandlung des Genitivobjekts kommt in der Grundschule nicht mehr vor (Er bedurfte *meiner Unterstützung.*). Didaktisch reduziert heißen Akkusativ- und Dativobjekte dann Ergänzungen im Wen-Fall (Wen-Ergänzung) bzw. Wem-Fall (Wem-Ergänzung). Hier machen die Lehrpläne der Bundesländer terminologisch unterschiedliche Vorgaben. Adverbiale Bestimmungen lassen sich u. a. unterscheiden in Ergänzungen des Raumes, der Zeit, der Art und Weise und des Grundes.

Streng genommen werden durch die Reihung Subjekt, Prädikat, Objekte und adverbiale Bestimmungen Äpfel und Birnen in einen Topf geworfen. Die begriffliche Kategorie „adverbiale Bestimmung“ folgt dem Versuch, Satzglieder *inhaltlich* zu bestimmen, während die übrigen die *Funktion* im Satzgefüge erfassen. Zunehmend tauchen die adverbialen Bestimmungen als Begriff kaum noch in den Grundschullehrplänen und Schulbüchern auf. Im vorliegenden Material werden trotzdem Übungen dazu angeboten. Das grammatikalisch korrekte Verwenden von ergänzenden Angaben, ihre Verschiebung im Satzgefüge und die Verwendung von passenden Fragewörtern beim Erfragen dieser Satzglieder sind nach wie vor eine wichtige sprachliche Schulung.

Die explizite Beschäftigung mit der Fallsetzung im Deutschen erstreckt sich in der Grundschule in erster Linie auf die Satzglieder Subjekt, Prädikat und die Ergänzungen im Wen- und Wem-Fall. Viele Übungen laufen eher intuitiv ab, die Kinder versuchen Begleiter und Nomen „einfach“ richtig zu beugen. Die Fragen „Wer oder was?“, „Wem?“ sowie „Wen oder was?“ helfen dabei. Die Grundschule schafft grundlegende Einsichten zu den vier Fällen. Dazu gehören die möglichen Flexionsformen von Nomen und Adjektiven sowie die infrage kommenden Artikel. Das Vertrautwerden mit der Terminologie wird je nach Leistungsstärke angebahnt bzw. gefestigt.

Der Genitiv spielt in vielen Schulbüchern kaum noch eine Rolle. Dies spiegelt seine zurückgehende Bedeutung im Sprachgebrauch wieder. Seine Kernfunktion, nämlich die Besitzanzeige, wird zunehmend durch den Dativ geleistet: „das Auto von Vater“ statt „das Auto des Vaters“. Eine Beschäftigung mit diesem Thema bleibt trotzdem unverzichtbar.

Lehrplanbezug

- Sätze umstellen
- Spielerisch mit den Satzgliedern umgehen
- Satzglieder bestimmen, die Umstellprobe kennenlernen
- Satzglieder weglassen, die Weglassprobe kennenlernen
- Sätze ergänzen
- Den Begriff Prädikat einführen
- Den Begriff Subjekt einführen
- Mit dem zweiteiligen Prädikat arbeiten
- Das Akkusativobjekt einführen
- Das Dativobjekt einführen
- Verschiedene Ergänzungen einführen: des Ortes, der Zeit, der Art und Weise
- Artikel und Pronomen im richtigen Fall verwenden
- Zwischen Dativ und Akkusativ wählen
- Übersicht über die vier Fälle gewinnen
- Orts- und Richtungsbezeichnungen mit Dativ und Akkusativ verbinden

Zu den Kopiervorlagen

KV Seite 89

Ein kindischer Anruf

Die Kinder stellen die Sätze nach stilistischen Gesichtspunkten um, ohne dass die Bedeutung der Umstellprobe für die Satzgliedermittlung schon thematisiert werden muss. Manchmal sind mehrere Lösungen möglich. Leichter wird es für die Schüler, wenn Sie vor dem Kopieren das Satzglied, das nach vorn rücken soll, auch bei der zweiten Aufgabe unterstreichen.

Lösung

Aufgabe 1:

z. B. Das Telefon im Büro von Kommissar Kugelblitz läutet.
Der Anrufer meldet sich jedoch nicht mit seinem Namen.
Kugelblitz ist überzeugt: „In der Leitung ist mit Sicherheit ein Kind."
Das Kind fragt: „Bist du eine echte Spürnase?"
Der alten Spürnase verschlägt es die Sprache.
Nun erzählt die Kinderstimme von einem Geldkoffer in einer alten Villa.

Aufgabe 2:

z. B. Auf einmal fängt das Kind an zu kichern.
Verärgert schimpft Kugelblitz ins Telefon.
Wütend knallt er den Hörer auf die Station.
Irgendwie kam ihm die Stimme bekannt vor.

Wer hat angerufen?
Martins Freundin Lisa von den Spürnasen

KV Seite 90

Wer soll das glauben?

Durch diese Kopiervorlage werden die Kinder angeregt, Satzglieder auf immer neue Weise zusammenzusetzen. Methodisch bieten sich verschiedene Möglichkeiten an: Die Wörter und Wortgruppen können einzeln ausgeschnitten und nach Frage sortiert ausgelegt werden. Jedes Kind zieht sich Streifen und bildet damit Sätze. Man kann auch mit dem Finger über die Zeilen fahren und auf ein gerufenes „Stopp!" hin anhalten. Mit den „getroffenen" Wörtern wird dann ein Satz gebildet. Lustig ist es, wenn die Kombinationen zufällig und in Gemeinschaft entstehen. Gemeinsam wird die beste Reihenfolge der Satzglieder getestet und festgelegt. Die schönsten Sätze können dann aufgeschrieben werden.

Weiterführende Anregung

Die Kinder erstellen selbst Satzgliedsammlungen. Auch Dativobjekte bieten sich an (dem kurzsichtigen Messerwerfer, einem holländischen Schiedsrichter, einer Operndiva, dem Schulleiter). Die Verben wählen Sie entsprechend aus. Es gibt nicht so viele, die ein Dativobjekt verlangen und ohne Akkusativobjekt auskommen: verzeihen, gehorchen, schreiben, danken, entkommen, lauschen, erscheinen.

KV Seite 91

Verdächtige Fahrt

Hier wird die Umstellprobe als Mittel der Satzgliederkennung eingeführt. Um die Umstellprobe nachhaltig in den Köpfen der Kinder zu verankern, geht man zuerst handlungsorientiert vor. Schreiben Sie den vorliegenden Beispielsatz „Martin und Lisa beobachten einen verdächtigen Lieferwagen." wortweise auf Pappschilder. Sieben Kinder stellen sich vor die Klasse und halten die Pappschilder hoch. Sie können sich auch an den Händen halten. Dann sollten die Schilder zum Umhängen sein. Die Klasse ordnet die „Wortkinder" zu verschiedenen Sätzen und beobachtet, welche Kinder immer als Satzglied zusammenbleiben bzw. welche Kinder sich am Ende noch an den Händen halten.

Die Schüler lernen außerdem die Weglassprobe kennen. Sie ist allerdings weniger verlässlich, um Satzglieder zu erkennen, als die Umstellprobe. So würde im Beispielsatz auch „Pascal geht mit." als Satz funktionieren. „Mit" bzw. „seinen Eltern" sind jedoch keine eigenständigen Satzglieder.

Welche Angaben lassen sich grundsätzlich streichen? Erarbeiten Sie mit den Schülern, dass Orts- und Zeitangaben sowie die Objekte weggelassen werden können.

Lösung

Aufgabe 1:

Eine ältere Dame / sitzt / am Steuer.
Am Steuer / sitzt / eine ältere Dame.
Sitzt / eine ältere Dame / am Steuer?

Der Wagen / fährt / ohne Nummernschild.
Ohne Nummernschild / fährt / der Wagen.
Fährt / der Wagen / ohne Nummernschild?

Aufgabe 2:

Pascal geht ~~morgen~~ ~~mit seinen Eltern~~ ~~in einen Freizeitpark~~.
Herr Trinklein träumt ~~beim Mittagsschlaf~~ ~~von einer Verfolgungsjagd~~.
Luis liest ~~den ganzen Nachmittag~~ ~~auf dem Sofa~~ ~~sein neues Buch~~.

KV Seite 92

Einsatz vor dem Polizeirevier

Die Kinder erfahren, dass grammatisch vollständige Satzgerippe inhaltlich manchmal unvollständig sind, weil das Verb/Prädikat bzw. der Kontext nach einem weiteren Satzglied verlangen. Der Satz „Kommissar Kugelblitz sortiert." ist formal betrachtet komplett. Man will jedoch wissen, *wen oder was* Kugelblitz sortiert.

Die Kinder lernen, dass man nach diesen fehlenden Satzgliedern mit unterschiedlichen Fragewörtern fragen kann. Damit soll auf die später folgende Satzgliedarbeit vorbereitet werden.

Vertiefend denken sich die Kinder eigene Satzgerippe-Texte aus und finden mögliche Ergänzungen.

Lösung

Aufgaben 1/2:

Im Büro geht es Wie? – gemächlich zu. Sonja Sandmann lackiert Wen oder was? – ihre Fingernägel. Fritz Pommes betrachtet Wen oder was? – ein Fahndungsplakat. Kommissar Kugelblitz löscht Wen oder was? – alte E-Mails. Nur Peter Zwiebel befindet sich Wo? – im Einsatz. Plötzlich hören sie Wen oder was? – einen Hilferuf. Kugelblitz gibt Fritz Pommes Wen oder was? – das Pfefferspray. Dieser stürmt sofort Wohin? – nach draußen. Sonja und Kugelblitz stürzen Wohin? – ans Fenster. Alle blicken Wohin? – auf den Gehsteig. Sie sehen Wen oder was? – einen ungleichen Kampf. Ein Zwergpinscher beißt Wem? – einem jungen Mann ins Bein. Der bärenstarke Pommes überwältigt Wen oder was? – die Bestie. Sonja Sandmann holt schnell Wen oder was? – den Erste-Hilfe-Koffer. Damit rennt sie Wohin? – zum Schauplatz der Bluttat. Das Opfer liegt wimmernd Wo? – auf dem Gehsteig. Sonja tröstet Wen oder was? – es. Sie desinfiziert Wen oder was? – die Wunde mit Jod. Dann klebt sie ein Pflaster Wohin? – darauf. Der Mann trägt merkwürdigerweise Wen oder was? – eine Damenhandtasche. Er erklärt: „Die gehört Wem? – mir!" Kommissar Kugelblitz und seine Kollegen glauben ihm Wen oder was? – kein Wort. Sonja streichelt Wen oder was? – den vierbeinigen Hilfspolizisten und sagt: „Das hast du Wie? – gut gemacht!"

KV Seite 93

Prädikat: Besonders witzig

Auf dieser Kopiervorlage wird der Begriff Prädikat eingeführt. Für die Kinder ist es teilweise schwer zu verstehen, warum das Wort „trifft" einmal als Verb bezeichnet wird und einmal als Prädikat. Das Verb übernimmt in einem Satz die Rolle des Prädikats. Das Prädikat ist der wichtigste Funktionsbaustein in einem Satz.

Die aufgeführten Verben können zunächst abgeschnitten werden, sodass die Kinder selbst überlegen müssen, welches Verb passen könnte. Die ausgeschnittenen Wörter können in der Partnerarbeit oder Gruppenarbeit auch zufällig zu jedem Satz gezogen werden, was meist lustige Unsinnssätze produziert. Am Ende werden die Sätze schriftlich im Heft festgehalten. Entscheiden Sie selbst, ob es die lustigen oder richtigen sein sollen.

Lösung

Aufgabe 1/2:

Frau Zwiebel / trifft / nach Dienstende / ihren Mann / im Schwimmbad.
Sonja Sandmann / überwältigt / Mucki-Maxe / bei einer Kneipenschlägerei.
In ihrer Hundehütte / beschnüffelt / Polizeihündin Cora / eine alte Socke.
Lisa / verstaut / nach der Schule / ihren Detektivausweis / in ihrem Etui.
Hinter ihrer Gardine / beobachtet / Thea Tratsch / einen Falschparker.
Gräfin Grimelli / versteckt / ihr neues Diadem / im Tresor.

Kommissar Kugelblitz / erwacht / von seinem eigenen Schnarchen.
Bei geöffneter Kühlschranktür / isst / Sonja / einen Schokoriegel.
Völlig übermüdet / benotet / Martins Lehrer / am Küchentisch / die letzten Mathearbeiten.
Vampir Viktor / überfällt / den Nachtwächter seiner Lieblingsblutbank.
Herr Trinklein / verjagt / in seinem Traum / einen riesigen Pitbull.

Aufgaben 2/3:
In seiner Spezialdruckerei / macht / Bert Blüte / eigene 20-Euro-Scheine.
Fritz Pommes / parkt / den Streifenwagen / gern / vor dem Schnellimbiss „Pommes-Palast".
Kommissar Kugelblitz / verhört / die Zeugin Thea Tratsch / am Tatort.
Teddy Trickser / verkauft / ein Schrottauto / an Leo Leichtgläubig.
Mit Duftzeichen / markiert / Herr Trinklein / sein Revier.
Martin / bejubelt / seine gute Mathematikarbeit.
Nachts / erprobt / Klaus der Klauer / sein neues Schweißgerät / am Tresor des Pfandhauses „Goldzahn".

KV Seite 94/95

Möglich, aber nicht wahrscheinlich
Noch unwahrscheinlicher

Auf diesen Kopiervorlagen wird das Subjekt bestimmt. Durch die Vertauschungen in den Sätzen wird die Aufmerksamkeit auf dieses Satzglied gelenkt. Das Subjekt steht immer im 1. Fall und kann von seiner Gestalt ganz unterschiedlich sein, meist ist es ein Nomen (mit Begleitung) oder ein Pronomen. Oft ist es das erste Satzglied eines Satzes.

Lösung Seite 94
Aufgabe 1:
Teddy Trickser parkt den Streifenwagen gern vor dem Schnellimbiss „Pommes-Palast".
Wer oder was parkt den Streifenwagen gern vor dem Schnellimbiss „Pommes-Palast"?

Bert Blüte verhört die Zeugin Thea Tratsch am Tatort.
Wer oder was verhört die Zeugin Thea Tratsch am Tatort?

Kommissar Kugelblitz verkauft ein Schrottauto an Leo Leichtgläubig.
Wer oder was verkauft ein Schrottauto an Leo Leichtgläubig?

Mit Duftzeichen markiert Fritz Pommes sein Revier.
Wer oder was markiert mit Duftzeichen sein Revier?

Klaus der Klauer bejubelt seine gute Mathematikarbeit.
Wer oder was bejubelt seine gute Mathematikarbeit?

Nachts erprobt Martin sein neues Schweißgerät am Tresor des Pfandhauses „Goldzahn".

Wer oder was erprobt nachts sein neues Schweißgerät am Tresor des Pfandhauses „Goldzahn"?

Lösung Seite 95
Aufgabe 1:
In Lisas Garten steht ihm Sommer regelmäßig unser Nationaltorwart.
In der Nachspielzeit parierte der Königssohn noch einen Elfmeter.
An der ersehnten Weltformel arbeitet der neue Bleistiftspitzer.
Jeden Tag leistet der zaghafte Zeuge dem Kommissar wichtige Dienste.
Nach Unterrichtsschluss sucht das alte Fahrrad verzweifelt sein Federmäppchen.
Traurig ritt das rote Planschbecken aus dem Reich seines Vaters.
Unser Vorratskeller gab uns keine besonders hilfreichen Hinweise zur Tat.
Stets beherbergte das Mathegenie Sinus Cosinus zahlreiche Nagetiere.
Martin klappert mit dem Schutzblech.

Aufgaben 2/3:
In Lisas Garten / steht / ihm Sommer / regelmäßig / das rote Planschbecken.
In der Nachspielzeit / parierte / unser Nationaltorwart / noch einen Elfmeter.
An der ersehnten Weltformel / arbeitet / das Mathegenie Sinus Cosinus.

Jeden Tag / leistet / der neue Bleistiftspitzer / dem Kommissar / wichtige Dienste.
Nach Unterrichtsschluss / sucht / Martin / verzweifelt / sein Federmäppchen.
Traurig / ritt / der Königssohn / aus dem Reich seines Vaters.
Der zaghafte Zeuge / gab / uns / keine besonders hilfreichen Hinweise / zur Tat.
Stets / beherbergte / unser Vorratskeller / zahlreiche Nagetiere.
Das alte Fahrrad / klappert / mit dem Schutzblech.

Aufgabe 4:
Martin sucht sein neues Federmäppchen. Am letzten Sonntag hatte sein Patenonkel es ihm mitgebracht. Martin kippt den gesamten Ranzeninhalt aus. Er findet ein lang vermisstes Arbeitsblatt. Und nach dem zerknitterten Elternbrief hat ihn Frau Böhm schon dreimal gefragt. Aus einer alten Butterbrottüte dringt ein übler Geruch. Da hält man sich besser die Nase zu. Martin bringt die Tüte zum Mülleimer. Darin liegt … sein Federmäppchen! Wer oder was macht denn so etwas? Echte Idioten machen so etwas!

KV Seite 96

Inspector Brown
Zweiteilige Prädikate können auf unterschiedliche Art entstehen. Für die Arbeit in der Grundschule reicht es aus, wenn die Kinder Erfahrungen mit der sogenannten Verbklammer sammeln, die durch zweiteile Zeitformen entstehen (hat genommen, wird gehen), durch Modalverben (konnte laufen, wurde geschlagen) sowie durch Verben, die sich in der konjugierten Form zweiteilen (abmachen, wegziehen).

Lösung
Aufgabe 1:
Die Teilnehmer mussten im letzten Jahr mehrere knifflige Fälle lösen.
Im Endspiel trat Kugelblitz gegen Inspector Brown an.
Der wurde als Luchs von London bezeichnet.
Seinen Augen konnte angeblich nichts entgehen.
Inspector Brown hatte sogar einen Assistenten mitgebracht.

Aufgabe 2:
Fast hätte der schlaue Engländer Kugelblitz besiegt.
Doch dann zog die Jury dem Rivalen drei Punkte ab.
Inspector Brown hatte nämlich ein unzulässiges Hilfsmittel benutzt.
Kugelblitz und Brown freundeten sich nach dem Endspiel trotzdem an.

Aufgabe 3:
Vielleicht sehen sich die beiden in diesem Jahr im Schlosshotel wieder.
Kugelblitz strebt natürlich die Verteidigung seines Titels an.
Dann gibt er im Kommissariat 13 wieder einen aus.

KV Seite 97/98

Berta Bleifuß – ganz schön frech!
Die Ergänzung im Akkusativ, das Akkusativobjekt, wird häufig benötigt, um grammatikalisch richtige Sätze auch inhaltlich zu füllen. Die Schüler müssen besonders auf die Endungen achten: Wen? – den / ihren / seinen …

Lösung Seite 97
Aufgabe 1:
Polizeiobermeister Pommes verfolgt Berta Bleifuß.
Er braucht Verstärkung.
Fritz Pommes verständigt die Einsatzzentrale.
Die Einsatzzentrale schickt seine Kollegin Sonja Sandmann.
Diese nimmt das schnellste Dienstmotorrad.
Berta drückt das Gaspedal durch.
Trotzdem verliert sie das Rennen.

Aufgabe 2:

Wen oder was parkt Sonja?	die ungültigen Kennzeichen
Wen oder was zieht sie aus?	Bertas Führerschein
Wen oder was betrachtet Sonja?	den Kopf
Wen oder was schüttelt sie?	ihr Motorrad
Wen oder was öffnet Sonja?	ihren Helm
Wen oder was verlangt sie?	die Fahrertür von Bertas Wagen

Lösung Seite 98

Aufgabe 1:

Berta Bleifuß beteuert Sonja Sandmann ihre Unschuld. „Ich will ihnen die Sache gern erklären. Mich hat ein Auto verfolgt. Da habe ich Angst bekommen. Deswegen habe ich das Gaspedal so weit durchgetreten." Sie blickt Sonja treuherzig an.
„Sie wurden von jemandem verfolgt? Sie meinen doch nicht etwa meinen Kollegen Pommes", sagt Sonja.
„Ich glaube, den haben wir abgehängt", meint Berta stolz. In diesem Moment tritt Pommes hinzu und klärt die scheinheilige Berta auf.

Aufgabe 3:

Pommes sagt gelassen: „Frau Bleifuß, Sie haben die zulässige Höchstgeschwindigkeit um ein Vielfaches überschritten. Deswegen habe ich Ihren Wagen verfolgt. Sie müssen doch mein Blaulicht gesehen und die Sirene gehört haben. Für mich steht fest: Sie haben den Straßenverkehr in höchstem Maße gefährdet." Pommes und Sonja schreiben einen ausführlichen Bericht. Berta muss ihren Führerschein abgeben. „Dann besorge ich mir eben einen Chauffeur", antwortet Berta ungerührt. Pommes brummt: „Hoffentlich nimmt der die Verkehrsregeln ernster als Sie."

KV Seite 99

Wer kratzt hier wen?

Anhand der zweideutig formulierten Sätze wird die Unterscheidung zwischen Subjekt und Akkusativobjekt geübt – zunächst nachvollziehend, dann aktiv und kreativ. An Sätzen, die missverständlich sein können, erfahren die Kinder, dass die Kasuszuweisungen hilfreich und notwendig sind. Da das Subjekt gewöhnlich am Anfang steht, sind wir bei einem Satz wie „Eine kleine Maus beißt die Katze." irritiert. Wen oder was beißt eine kleine Subjekt-Maus? Die Katze? Das erscheint unwahrscheinlich. Wie kommt es – grammatikalisch betrachtet – zu der Verunsicherung? Die Deklinations- bzw. Genusendungen bei „kleine" und „eine" zeigen sowohl den Nominativ als auch den Akkusativ an, beide auch die weibliche Form. Die Verbform „beißt" funktioniert auch in beide Richtungen, da Maus und Katze beide in der Einzahl stehen (vgl. „Die kleinen Mäuse beißen eine Katze."). Die Satzstellung verschafft keine absolute Gewissheit, das Akkusativobjekt könnte durchaus an erster Stelle stehen. Nur der Kontext verschafft Klarheit, z.B. durch den Folgesatz: „Die kleine Maus schleppt sich schwer verletzt in ihr Versteck." Also hätte die Katze gebissen und die kleine Maus wäre dann das Akkusativobjekt. Oder der nächste Satz verrät: „Die kleine Maus hat die Mutprobe bestanden." Dann wäre die Maus tatsächlich eine Katzenbeißerin und damit Subjekt. Nebenbei: Im Sprachgebrauch verwendet man, um solche Missverständnisse zu vermeiden, oft das Passiv: Einer wird von dem anderen gebissen.

Überlegen Sie mit der Klasse vor Bearbeitung der zweiten Aufgabe gemeinsam mögliche Folgesätze, die die Situation klären können und den Satzgliedern ihren Status zuweisen.

Lösung

Aufgabe 1:

Subjekt, *Prädikat*, Akkusativobjekt

Ihre Katze *kratzt* **Sonja** immer am Nacken. Ihren Hund krault Sonja am Bauch.
Ihre Katze *kratzt* Sonja immer am Nacken. Sonja hat davon am Nacken schon rote Stellen.

Ihre Mutter *trägt* **Klein-Ida** durchs Zimmer. So stark ist sie allerdings nur auf ihrem Bild.
Ihre Mutter *trägt* Klein-Ida durchs Zimmer. Schon ist Klein-Ida eingeschlafen.

Peter Zwiebel *sieht* Berta im Halteverbot stehen. Klar, dass er den Abschleppwagen ruft!
Peter Zwiebel *sieht* **Berta** im Halteverbot stehen. Sie fragt sich, was er da macht.

Nur seine Frau *küsst* **Pommes**. Andere Frauen würde er nie küssen.
Nur seine Frau *küsst* Pommes. Aber seine Tochter küsst ihn natürlich auch!

Aufgabe 2:

Die Vertretungslehrerin trägt unsere Klassensprecherin wegen Zuspätkommens ins Klassenbuch ein. Dabei sollte Lisa doch eigentlich ein Vorbild sein. Oder: Auch der Schulleiter ist zu spät und wird von Lisa eingetragen.

Wilde Piraten futtern kleine Haie, damit sie stark werden. Messer-Jim erstickt fast an einer Haigräte. Oder: Leider gibt es nicht mehr so viele Piraten und sie sind oft hungrig.

Brave Mädchen lieben freche Jungs. Aber die anderen Mädchen mögen lieber Jungs, die sich benehmen können. Oder: Mit den frechen Mädchen hätten sie nur Ärger.

KV Seite 100/101

Alex, der Schulhofschreck
Hilfe für Alex

Viele Kinder haben oft Mühe mit dem Dativ und seinen Formen. Das erschwert natürlich auch den Umgang mit der Wem-Frage zur Ermittlung des Dativobjekts: Wem schenkt die Lehrerin ein Lächeln? – einem braven Kind. Die Hilfsfrage ist dabei immer auch selbst Lerngegenstand, nicht alle sind es gewohnt, das Fragewort „wem" deutlich auszusprechen. Das stetige Fokussieren auf die typischen Dativendungen (einem braven Kind) beim mündlichen und schriftlichen Arbeiten verschafft aber gerade sprachschwächeren Kindern einen hohen Lernzuwachs und erweitert das Sprachbewusstsein.

Lösung Seite 100

Aufgabe 1:

Pascal wollte Alex mal richtig die Meinung sagen. Daraufhin verdrehte Alex Pascal den Arm. Lisa wollte ihrem Freund helfen. „Du gehst uns auf die Nerven!", rief sie Alex zu. Alex nahm ihr daraufhin die Mütze weg. Deshalb sagten Pascal und Lisa der Pausenaufsicht Frau Müller Bescheid. Die hörte ihnen zu.

Aufgabe 2:

Alex wollte niemandem seine Tränen zeigen. Er lief Frau Müller davon. Sie berichtete seiner Klassenlehrerin von dem Zwischenfall. Der wurde es langsam zu bunt. Alex schrieb sie eine Strafarbeit ins Elternheft. Seinen Eltern hat Alex das Heft aber nicht gezeigt.

Aufgabe 3:

Wem verdrehte Alex den Arm? – Pascal
Wem wollte Lisa helfen? – ihrem Freund
Wem gehst du auf die Nerven? – uns
Wem rief sie zu? – Alex
Wem nahm Alex daraufhin die Mütze weg? – ihr
Wem sagten Pascal und Lisa deshalb Bescheid? – der Pausenaufsicht Frau Müller
Wem hörte sie zu? – ihnen
Wem wollte Alex seine Tränen zeigen? – niemandem
Wem lief er davon? – Frau Müller
Wem berichtete sie von dem Zwischenfall? – seiner Klassenlehrerin
Wem wurde es langsam zu bunt? – Der
Wem schrieb sie eine Strafarbeit ins Elternheft? – Alex
Wem hat Alex das Heft aber nicht gezeigt? – Seinen Eltern

Lösung Seite 101

Aufgabe 1:

Den meisten Kindern ist ihr Mitschüler Alex gleichgültig.
Wem ist ihr Mitschüler Alex gleichgültig? – Den meisten Kindern

Lisa und Pascal wollen Alex gern helfen.
Wem wollen Lisa und Pascal gern helfen? – Alex

Sie stellen ihm viele Fragen.
Wem stellen sie viele Fragen? – ihm

Alex reicht Lisa und Pascal zur Versöhnung die Hand.
Wem reicht Alex zur Versöhnung die Hand? – Alex und Lisa

Aufgabe 2:

Lisa und Pascal wollen ☐ Herr und Frau Roos / ☒ Herrn und Frau Roos von Alex' Problemen erzählen.

Alex' Eltern hören ☐ die Kinder / ☒ den Kindern zu.

Sie danken ☐ die beiden / ☒ den beiden.

Alex' Eltern schreiben ☒ der Klassenlehrerin / ☐ die Klassenlehrerin einen Brief.

Frau Böhm stattet ☐ die Familie / ☒ der Familie einen Besuch ab.

KV Seite 102

Herr Trinklein ist gut erzogen, oder?

Hier üben die Kinder die Bestimmung des Prädikats sowie der anderen bereits eingeführten Satzglieder (Subjekt, Akkusativobjekt und Dativobjekt) zunächst schriftlich. Schreiben Sie als Hilfe die entsprechenden Fragen zur Erinnerung nochmals an die Tafel, sodass die Schüler gegebenenfalls nachschauen können.

Die Spielidee „Satzglieder fangen" macht Spaß und die Kinder vertiefen spielerisch die bereits geübten Frageformen. Spielen können zwei bis vier Personen. Kopieren Sie die Sätze der Kopiervorlage vergrößert, laminieren Sie diese und schneiden Sie die Satzglieder jeweils aus. Klammern Sie die Streifen mit einem Gummi oder einer großen Büroklammer zusammen, damit sie untereinander nicht vermischt werden. Bereiten Sie außerdem vier laminierte

Kärtchen mit den Begriffen „Subjekt“, „Prädikat“, „Dativobjekt“ und „Akkusativobjekt“ vor. So wird gespielt: Die Spielgruppe legt einen Satz aus. Dann wird aus den vier Begriffskärtchen, die verdeckt auf dem Tisch liegen, eines umgedreht. Je nachdem, welches Satzglied nun gefordert wird, schnappt sich das schnellste Kind dieses Satzglied von dem ausgelegten Satz. Wer hat sich am Ende des Spiels auf diese Weise die meisten richtigen Kärtchen geschnappt? Sie können neben Subjekt und Prädikat auch nach Ergänzungen der Zeit, des Ortes oder des Grundes fragen. Ergänzen Sie dann die Kärtchen. Sie können die Schüler auch einzeln auf dem Arbeitsblatt arbeiten lassen oder das Sprachspiel als Wettbewerb mit der ganzen Klasse durchführen.

Lösung

Aufgabe 1:

Subjekt, *Prädikat*, Dativobjekt, <u>Akkusativobjekt</u>

Lisa *schüttet* ihrem Hund <u>Futter</u> in den Napf.
Herr Trinklein *zeigt* ihr <u>seine Dankbarkeit</u>.
Der entsetzten Lisa *schenkt* **er** <u>eine hübsche Pfütze</u>.

Aus dem Handbuch für Vampirforscher

KV Seite 103

Neben den Dativ- und Akkusativobjekten kann es in einem Satz auch Ergänzungen geben, die das Geschehen oder den Zustand näher beschreiben. Auf dieser Kopiervorlage geht es um die adverbiale Bestimmung des Ortes und der Richtung. Mit den vorgegebenen Fragewörtern wird den Schülern deutlich, wie sie diese erfragen können. Achtung: Verwechslungsgefahr besteht, wenn Präpositionalobjekte vorliegen. Diese werden mit „wem“ oder „wen“ und einer vorausgehenden Präposition erfragt. Solche Fälle kommen auf dieser Kopiervorlage nicht vor.

Lösung

Aufgabe 1:

Junge Vampire steigen gerne pünktlich <u>Woher? – aus ihrem Sarg</u>.
Alte Vampire bleiben gerne noch etwas länger <u>Wo? – in ihrem Sarg</u> liegen.
Vampirmädchen fliegen gerne zum Quatschen <u>Wohin? – in die Geisterbahn</u>.
Vampirjungen jobben nach der Schule <u>Wo? – in der Geisterbahn</u>.
Vampirlehrer bringen ihren Schülern <u>Wo? – in der Schule</u> alles über Blutgruppen bei.
<u>Wohin? – In die Schule</u> zu gehen ist also sehr wichtig.

Aufgabe 2:

Ich schicke ihn …
~~auf der Toilette.~~
~~in dem Lehrerzimmer.~~
in das Lehrerzimmer.
~~auf dem Schulhof.~~
in die Parallelklasse.
~~in der Parallelklasse.~~
~~im Sekretariat.~~
auf den Friedhof.
ins Sekretariat.
~~in einer Putzkammer.~~
ins Rathaus.

Die Zeit heilt alle Hunde

KV Seite 104

Neben den üblichen Satzgliedern Subjekt und Prädikat gibt es auch die Ergänzungen der Zeit. Sie sagen etwas darüber aus, wie lange, zu welchem Zeitpunkt oder wie häufig etwas geschieht. Die Schüler müssen zuerst die Zeitangaben erkennen. Anschließend finden sie durch logisches Denken die passende heraus. Durch die zweite und dritte Aufgabe wird der Umgang mit diesen Ergänzungen geübt und verinnerlicht.

Lösung

Aufgabe 1:

Kommissar Kugelblitz verhörte <u>gestern</u> den Meisterdieb Eddie Elster ~~mehrere Sekunden~~.
Polizeihund Rex erschien <u>heute</u> ~~an seinem 50. Geburtstag~~ wieder gesund zum Dienst.
Kriminalhauptmeister Zwiebel wartet <u>seit Jahren</u> ~~um 17.02 Uhr~~ auf seine Beförderung.
Sonja Sandmann arbeitete <u>während ihrer Ausbildung</u> ~~in allerletzter Sekunde~~ in Amsterdam.
Tresorexperte Max Schleicher arbeitet am liebsten ~~kurz vor Eintreffen des bösen Zauberers~~ <u>nach Einbruch der Dunkelheit</u>.
Polizeiobermeister Pommes kontrolliert ~~seit seiner Geburt~~ <u>einmal am Tag</u> sein E-Mail-Postfach.
Martin machte <u>fast immer</u> seine Hausaufgaben ~~direkt nach dem Kindergarten~~.
Ein Zeuge hatte den Verschwundenen ~~am Ende des 30-jährigen Krieges~~ <u>mehrmals</u> an einer Bushaltestelle gesehen.
Lisa darf Herrn Trinklein ~~jeden Morgen~~ <u>nie</u> mit in die Schule nehmen.
Lisas Lehrerin kocht <u>morgens</u> ~~stundenlang~~ einen Griesbrei für ihren kleinen Sohn Noah.

KV Seite 105 Max' unangenehm erfreulicher Arbeitstag

Um den Tag von Max Schleicher unangenehm oder erfreulich zu gestalten, markieren die Schüler jeweils die Ergänzungen der Art und Weise. Sie sagen wie und unter welchen Umständen etwas stattfindet. Indem die Kinder die Texte auf zwei verschiedene Arten lesen, merken sie selbst, ob sie die richtigen Begriffe markiert haben.

Lösung

Aufgabe 2:

unterstrichen = angenehm, **fett** = unangenehm

Max Schleicher lebte als Tresorknacker **in bescheidenen Verhältnissen** auf großem Fuß. Bei seinem aktuellen Arbeitsvorhaben öffnete er die Tür **mit einem tonnenschweren Vorschlaghammer** mit einem Nachschlüssel. Geräuschlos **krachend** gab die schwere Schlosstür den Weg frei. Nun stand er ganz allein **mit einem Rudel fetter Ratten** in der Eingangshalle. Es lief ihm **eiskalt** angenehm kribbelnd über den Rücken. Das einfallende Licht des Mondes beleuchtete die Szene ausreichend **nur schwach**. Max tastete sich **mühsam** mühelos vorwärts. Sein Herz schlug ruhig und gleichmäßig **wie ein Dampfhammer**. Seine Werkzeugtasche baumelte federleicht **bleischwer** an seinem Arm. Den Weg zum Tresor fand er **nur mühsam** ohne jede Mühe. Sein neuer Schneidbrenner verrichtete heute einwandfrei seinen Dienst **sehr widerwillig**. Max fühlte sich großartig **total unfähig**. Die Beute erfreute Max **überhaupt nicht** über alle Maßen. Die Schlossbesitzerin Gräfin Grimelli hatte ihre Ersparnisse ja kaum **mit vollen Händen** ausgegeben. Vor dem Hinausgehen verwischte Max **nachlässig** seine Spuren sorgfältig.

KV Seite 106 Jede Menge Missverständnisse

Diese Aufgabe ist etwas anspruchsvoller und kann zur Differenzierung herangezogen werden. Vor allem lernstarke Kinder werden daran ihre Freude haben. Die fertigen Kurzdialoge eignen sich anschließend gut zum Vorspielen. Sie verdeutlichen dann auch den leistungsschwächeren Schülern, warum die Unterscheidung von Dativ und Akkusativ so wichtig ist.

Lösung

Aufgabe 1:

z. B. KK:	Frau Pommes zerschneidet gerade ihrem Schwager …
G.A.:	Sie zerschneidet wirklich ihren Schwager?
KK:	Aber nein! Sie zerschneidet ihrem Schwager das Schnitzel, weil er einen Gipsarm hat.
KK:	Herr Pommes trägt seiner Schwiegermutter …
G.A.:	Er trägt seine Schwiegermutter?
KK:	Nein, er trägt seiner Schwiegermutter den Teller zum Platz, weil sie einen Stock hat.
KK:	Enkel Max streicht dem Großvater …
G.A.:	Was, er streicht den Großvater?
KK:	Bestimmt nicht! Er streicht dem Großvater Butter auf das Brötchen.

Aufgabe 2:

Der Vater gibt ihm einen Rat.	seinem Sohn
Sie fährt mit dem neuen Rad.	die Schülerin
Jeden Tag füttert die alte Dame sie.	eine Taube
Herr Maier fährt ihn donnerstags immer zum Training.	seinen Sohn
Das knallrote Fahrrad gehört ihr.	der Schülerin
Am Boden liegt eine Feder von ihr.	einer Taube

KV Seite 107/108 Vier Fälle und ein neuer Fall

Die Aufstellung verschiedener Flexionsformen bietet den Schülern einen Überblick über die Fallsetzung. Zuerst beschäftigen sie sich mit möglichen Antworten, die sie aus der Tabelle entnehmen. Zusätzlich stellen sie inhaltliche Überlegungen an. Wessen Paket trägt zur Verwirrung bei? – des Mannes (könnte sein), des Autos (eher nicht) usw. Diese Aufgabe bereitet auf den folgenden Lückentext vor.

Anschließend überlegen die Kinder, wie die Nomen in einer Handlung aufeinander bezogen sein könnten, und besprechen sich mit einem Partner. Die mündliche Anwendung übt den korrekten Gebrauch der Fälle im Gespräch. Schließlich wird der Lückentext sinnvoll ergänzt. Diese anspruchsvolle Aufgabe kann von leistungsschwächeren Schülern in Partnerarbeit erledigt werden. Es bietet sich außerdem an, die Lücken zuerst mit Bleistift zu füllen. Am Beispiel des ersten und zweiten Satzes können Sie

im Plenum ein mögliches methodisches Vorgehen besprechen. Die erste Lücke erlaubt sechs korrekte grammatische und sinnvolle Lösungen: Wer hastet über den Bahnhofsvorplatz? „Der Mann / Ein Mann / Er hastet über den Bahnhofsvorplatz.“ Oder: „Die Frau / Eine Frau / Sie hastet über den Bahnhofsvorplatz.“ Das vollständige Durchprobieren aller Möglichkeiten ist etwas aufwendiger, aber für die sprachliche Arbeit sehr fruchtbar. Der nächste Satz bringt Klarheit: „In seiner Hand hält er den Griff …“ Folglich muss es der Mann sein, der hier hastet. Wessen Griff hält er in der Hand? usw.

Lösung Seite 107

Aufgabe 1:

Wer oder was ist sehr verdächtig? – der Mann, ein Mann, die Frau, eine Frau, das Auto, ein Auto, der Koffer, ein Koffer, die Pistole, eine Pistole, das Paket, ein Paket, der Diamant, ein Diamant, er, sie, es

Wer trägt eine Pistole bei sich? – der Mann, ein Mann, die Frau, eine Frau, er, sie

Wessen Paket trägt zu großer Verwirrung bei? – des Mannes, eines Mannes, der Frau, einer Frau, sein, ihr

Wem könnte der Koffer gehören? – dem Mann, einem Mann, der Frau, einer Frau, ihm, ihr

Wen oder was will die Frau nicht verlieren? – den Mann, einen Mann, das Auto, ein Auto, den Koffer, einen Koffer, die Pistole, eine Pistole, das Paket, ein Paket, den Diamanten, einen Diamanten, ihn, sie, es

Beispiellösung Seite 108

Ein Mann hastet über den Bahnhofsvorplatz. In seiner Hand hält er den Griff eines Koffers. Als er mit ihm durch die Tür will, stößt er mit einer Frau zusammen. Ihr entgleitet dabei ein Paket. Es wird bei dem Sturz an der Ecke beschädigt. Auch dem Mann ergeht es kaum besser. Bei dem Zusammenstoß öffnet sich nämlich der Verschluss seines Koffers. Eine Pistole fällt heraus und schlittert über den Boden. Die Frau blickt den Mann erschrocken an. Er will sie beruhigen und zeigt ihr seine Polizeimarke. Die Wirkung überrascht ihn: Die Frau nimmt nämlich hastig ihr Paket unter den Arm und rennt los. Zugleich fährt ein Auto mit quietschenden Reifen vor. Die Frau steigt ein. Das Auto rast mit Vollgas davon. Kopfschüttelnd blickt der Mann ihm nach. Dann ist er eine Weile mit dem Koffer beschäftigt. Er geht ächzend in die Hocke und sammelt seine Kleider und natürlich auch seine Pistole wieder ein. Nach einer Weile ist alles verstaut und der Mann kann den Koffer wieder verschließen. Da fällt ihm ein glitzernder Gegenstand auf, der etwas abseits auf dem Boden liegt. Unglaublich! Das ist doch ein Diamant! Der Mann nimmt ihn behutsam in die Hand. Die Größe und Schönheit des Diamanten lassen ihn schlucken. Ist er vorhin etwa aus dem Paket gefallen? Polizeiobermeister Fritz Pommes wählt die Nummer des Kommissariats 13. Als Kugelblitz sich meldet, seufzt Pommes: „Chef, ich glaube, wir haben einen neuen Fall!“

Name:

Ein kindischer Anruf

Die Geschichte klingt merkwürdig. Stelle die Sätze geschickt um, ohne ein Wort hinzuzufügen oder wegzulassen. Stelle die unterstrichenen Wörter an den Satzanfang.

Groß schreibt man nur Nomen (Namenwörter) und Satzanfänge.

Im Büro läutet von Kommissar Kugelblitz das Telefon.

Mit seinem Namen meldet sich der Anrufer jedoch nicht.

Überzeugt ist Kugelblitz: „Ein Kind ist mit Sicherheit in der Leitung."

Fragt das Kind: „Eine echte Spürnase bist du?"

Die Sprache verschlägt es der alten Spürnase.

Von einem Geldkoffer in einer alten Villa erzählt nun die Kinderstimme.

Wie geht es weiter? Stelle die Sätze ebenfalls um.

Das Kind fängt an zu kichern auf einmal.

Ins Telefon schimpft Kugelblitz verärgert.

Auf die Station knallt er den Hörer wütend.

Ihm kam irgendwie bekannt die Stimme vor.

Sortiere die Silben richtig und du erfährst, wer angerufen hat!

Spür – din – Mar – Freun – Li – tins – sen – von – sa – na – den

Wer soll das glauben?

Wer?
Der Bundestrainer
Die Klassenlehrerin
Der ermittelnde Kommissar
Mein Zwergkaninchen
Unser Klassensprecher
Mein großer Bruder
Der Millionendieb
Deine kleine Schwester
Der entlaufene Gorilla

Wann?
um Mitternacht
an jedem Geburtstag
in der Pause
während der Mathearbeit
nach der Tagesschau
jeden Morgen
beim Händewaschen
am Ferienende
im Finale
jetzt gerade
von Zeit zu Zeit

Tut was?
besucht
überfällt
faltet
bedroht
krault
beobachtet
fotografiert
kitzelt
öffnet
grillt
küsst
verspeist
frisiert

Wie?
begeistert
im Pyjama
mit einem Komplizen
mit einem Schokoriegel
halb ohnmächtig
ohne Genehmigung
interessiert
lustlos
gekonnt
tollkühn

Wen? Was?
die Schulsekretärin
einen Bund Möhren
den Mississippi-Alligator
das Klassenbuch
den Bürorechner
das Supermodel
den Hausmeister
die Hauptbelastungszeugin
die Dosensuppe

Wo?
an der Tankstelle
auf dem Schuldach
im Strafraum
im Nichtschwimmerbecken
vor dem Lehrerzimmer
unter dem Pult
an der Tafel
beim Bäcker
in der Tiefkühltruhe
auf der Krabbeldecke

Name:

Verdächtige Fahrt

Martin und Lisa | beobachten | einen verdächtigen Lieferwagen.
Einen verdächtigen Lieferwagen | beobachten | Martin und Lisa.
Beobachten | Martin und Lisa | einen verdächtigen Lieferwagen?

Sätze bestehen aus Bausteinen, die man **Satzglieder** nennt. Mit der **Umstellprobe** kannst du sie bestimmen. Ein Satzglied kann aus einem Wort oder aus mehreren Wörtern bestehen.

Stelle die Sätze um. Trenne die Satzglieder mit einem Strich voneinander ab.

Eine ältere Dame sitzt am Steuer.

Der Wagen fährt ohne Nummernschild.

Lass bei den folgenden Sätzen immer ein Satzglied weg. Am Ende bleiben jeweils zwei übrig. Sie bilden das Gerippe des Satzes.

Pascal geht morgen mit seinen Eltern in einen Freizeitpark.
Pascal geht morgen in einen Freizeitpark.

Pascal geht.

Herr Trinklein träumt beim Mittagsschlaf von einer Verfolgungsjagd.

Herr Trinklein träumt.

Luis liest den ganzen Nachmittag auf dem Sofa sein neues Buch.

Luis liest.

Name:

Einsatz vor dem Polizeirevier

Die Sätze in dieser Geschichte klingen merkwürdig. Ahnst du trotzdem, was hier passiert? Überlegt gemeinsam.

Im Büro geht es zu. Sonja Sandmann lackiert. Fritz Pommes betrachtet. Kommissar Kugelblitz löscht. Nur Peter Zwiebel befindet sich. Plötzlich hören sie. Kugelblitz gibt Fritz Pommes. Dieser stürmt sofort. Sonja und Kugelblitz stürzen. Alle blicken. Sie sehen. Ein Zwergpinscher beißt ins Bein. Der bärenstarke Pommes überwältigt. Sonja Sandmann holt schnell. Damit rennt sie. Das Opfer liegt wimmernd. Sonja tröstet. Sie desinfiziert mit Jod. Dann klebt sie ein Pflaster. Der Mann trägt merkwürdigerweise. Er erklärt: „Die gehört!“ Kommissar Kugelblitz und seine Kollegen glauben ihm. Sonja streichelt und sagt: „Das hast du gemacht!“

Ergänze die Sätze mit je einem der angebotenen Satzglieder.

Wie? – gut	Wen oder was? – einen ungleichen Kampf
Wie? – gemächlich	Wen oder was? – eine Damenhandtasche
Wen oder was? – die Bestie	Wen oder was? – die Wunde
Wen oder was? – ein Fahndungsplakat	Wo? – auf dem Gehsteig
Wen oder was? – einen Hilferuf	Wo? – im Einsatz
Wen oder was? – das Pfefferspray	Wohin? – ans Fenster
Wen oder was? – kein Wort	Wohin? – nach draußen
Wen oder was? – alte E-Mails	Wohin? – auf die Wunde
Wen oder was? – den vierbeinigen Hilfspolizisten	Wohin? – zum Schauplatz der Bluttat
Wen oder was? – einen jungen Mann	Wohin? – auf den Gehsteig
Wen oder was? – den Erste-Hilfe-Koffer	Wohin? – darauf
Wen oder was? – ihre Fingernägel	Wem? – einem jungen Mann
Wen oder was? – es	Wem? – mir

Name:

Prädikat: Besonders witzig

Jeder Satz hat ein **Prädikat** (Satzaussage). Dieses Prädikat besteht immer aus einem **Verb** (Tunwort) und verrät, was getan wird oder was passiert. Das Prädikat steht im Satz fast immer an zweiter Stelle. Man bestimmt es mit der Frage **„Was tut jemand? / Was geschieht?“.**

In den folgenden Sätzen wurden die Prädikate entnommen. Schneide sie am unteren Blattrand aus und setze sie in den Text ein.

Frau Zwiebel ____ nach Dienstende ihren Mann im Schwimmbad.

Sonja Sandmann ____ Mucki-Maxe bei einer Kneipenschlägerei.

In ihrer Hundehütte ____ Polizeihündin Cora eine alte Socke.

Lisa ____ nach der Schule ihren Detektivausweis in ihrem Etui.

Hinter ihrer Gardine ____ Thea Tratsch einen Falschparker.

Gräfin Grimelli ____ ihr neues Diadem im Tresor.

Kommissar Kugelblitz ____ von seinem eigenen Schnarchen.

Bei geöffneter Kühlschranktür ____ Sonja einen Schokoriegel.

Völlig übermüdet ____ Martins Lehrerin am Küchentisch die letzten Mathearbeiten.

Vampir Viktor ____ den Nachtwächter seiner Lieblingsblutbank.

Herr Trinklein ____ in seinen Träumen einen riesigen Pitbull.

Finde mithilfe der Umstellprobe auch die übrigen Satzglieder in den Sätzen und trenne sie ab.

Frau Zwiebel | **trifft** | nach Dienstende | ihren Mann | im Schwimmbad.

✂

versteckt	beschnüffelt	verjagt	verstaut	benotet	
überwältigt	trifft	erwacht	isst	überfällt	beobachtet

Name:

Möglich, aber nicht wahrscheinlich

Jeder Satz hat ein Satzglied, das sagt, **wer** etwas tut oder macht. Man nennt es **Subjekt** (Satzgegenstand). Das Subjekt bestimmt man mit der Frage **„Wer oder was?“.**

Stelle für jeden Satz die Wer-oder-was-Frage und markiere die Subjekte farbig.

In seiner Spezialdruckerei macht Herr Trinklein eigene 20-Euro-Scheine.

Wer oder was macht in seiner Spezialdruckerei eigene 20-Euro-Scheine?

Teddy Trickser parkt den Streifenwagen gern vor dem Schnellimbiss „Pommes-Palast“.

Bert Blüte verhört die Zeugin Thea Tratsch am Tatort.

Kommissar Kugelblitz verkauft ein Schrottauto an Leo Leichtgläubig.

Mit Duftzeichen markiert Fritz Pommes sein Revier.

Klaus der Klauer bejubelt seine gute Mathematikarbeit.

Nachts erprobt Martin sein neues Schweißgerät am Tresor des Pfandhauses „Goldzahn“.

Hier stimmt doch etwas nicht! Ordne die Subjekte neu und schreibe die Sätze richtig auf ein Blatt.

Mache mündlich die Umstellprobe und bestimme auch die anderen Satzglieder.

Name:

Noch unwahrscheinlicher

Erfrage in den folgenden Sätzen das Subjekt (Wer oder was?) und unterstreiche es farbig. Verwende in der Frage auch das Prädikat (z. B. Wer oder was arbeitet ...?).

In Lisas Garten steht ihm Sommer regelmäßig unser Nationaltorwart.

In der Nachspielzeit parierte der Königssohn noch einen Elfmeter.

An der ersehnten Weltformel arbeitet der neue Bleistiftspitzer.

Jeden Tag leistet der zaghafte Zeuge dem Kommissar wichtige Dienste.

Nach Unterrichtsschluss sucht das alte Fahrrad verzweifelt sein Federmäppchen.

Traurig ritt das rote Planschbecken aus dem Reich seines Vaters.

Unser Vorratskeller gab uns keine besonders hilfreichen Hinweise zur Tat.

Stets beherbergte das Mathegenie Sinus Cosinus zahlreiche Nagetiere.

Martin klappert mit dem Schutzblech.

Ordne die Subjekte den passenden Zeilen zu und schreibe die Sätze richtig auf ein Blatt.

Mache die Umstellprobe und bestimme jeweils die anderen Satzglieder.

Unterstreiche die Subjekte im folgenden Text.

Martin sucht sein neues Federmäppchen. Am letzten Sonntag hatte sein Patenonkel es ihm mitgebracht. Martin kippt den gesamten Ranzeninhalt aus. Er findet ein lang vermisstes Arbeitsblatt. Und nach dem zerknitterten Elternbrief hat ihn Frau Böhm schon dreimal gefragt. Aus einer alten Butterbrottüte dringt ein übler Geruch. Da hält man sich besser die Nase zu. Martin bringt die Tüte zum Mülleimer. Darin liegt … sein Federmäppchen! Wer oder was macht denn so etwas? Echte Idioten machen so etwas!

Name:

Inspector Brown

Prädikate (Satzaussagen) bestehen oft aus mehr als einem Teil.

Franz Schlauwein *hat* alle Meisterdetektive in sein Schlosshotel *eingeladen*.
Er *richtet* wieder seinen großen Spürnasenwettbewerb *aus*.
Kommissar Kugelblitz *nimmt* bereits zum zweiten Mal *teil*.

Unterstreiche in den folgenden Sätzen die zweiteiligen Prädikate.

Die Teilnehmer mussten im letzten Jahr mehrere knifflige Fälle lösen.

Im Endspiel trat Kugelblitz gegen Inspector Brown an.

Der wurde als Luchs von London bezeichnet.

Seinen Augen konnte angeblich nichts entgehen.

Inspector Brown hatte sogar einen Assistenten mitgebracht.

Setze in den folgenden Sätzen diese zweiteiligen Prädikate ein.

zog ab | hätte besiegt | freundeten an | hatte benutzt

Fast __________ der schlaue Engländer Kugelblitz __________.

Doch dann __________ die Jury dem Rivalen drei Punkte __________.

Inspector Brown __________ nämlich ein unzulässiges Hilfsmittel __________.

Kugelblitz und Brown __________ sich nach dem Endspiel trotzdem __________.

Für Profis: Jetzt musst du das Verb (Tunwort) selbst zweiteilen, damit man es in diesen Sätzen als Prädikat verwenden kann. Achte auf die richtige Personalform.

ausgeben | anstreben | wiedersehen

Vielleicht __________ sich die beiden in diesem Jahr im Schlosshotel __________.

Kugelblitz __________ natürlich die Verteidigung seines Titels __________.

Dann __________ er im Kommissariat 13 wieder einen __________.

Name:

Berta Bleifuß – ganz schön frech! (1)

Manchmal braucht ein Satz neben Subjekt (Satzgegenstand) und Prädikat (Satzaussage) ein weiteres Satzglied, z. B.: *Polizeiobermeister Pommes verfolgt.* Ja, wen verfolgt Pommes denn? Es ist Berta Bleifuß.
Nach diesem Satzglied fragt man mit **„Wen oder was?"**. Diese Ergänzung im **4. Fall** wird von den Sprachprofis Akkusativobjekt genannt.

Stelle dir zu jedem Satz die Wen-oder-was-Frage und beantworte sie. Wähle dafür aus den Kästen eine passende Satzergänzung.

das Rennen | das Gaspedal | seine Kollegin Sonja Sandmann | Verstärkung | die Einsatzzentrale | das schnellste Dienstmotorrad | Berta Bleifuß

***Wen oder was** verfolgt der Polizeiobermeister Pommes? – Berta Bleifuß*

Polizeiobermeister Pommes verfolgt ______________________.

Er braucht ______________________.

Fritz Pommes verständigt ______________________.

Die Einsatzzentrale schickt ______________________.

Diese nimmt ______________________.

Berta drückt ______________________ durch.

Trotzdem verliert sie ______________________.

Verbinde jede Frage mit der passenden Ergänzung im 4. Fall.
Schreibe die Antworten als vollständige Sätze auf ein Blatt.

Wen oder was parkt Sonja? •	• die ungültigen Kennzeichen
Wen oder was zieht sie aus? •	• Bertas Führerschein
Wen oder was betrachtet Sonja? •	• den Kopf
Wen oder was schüttelt sie? •	• ihr Motorrad
Wen oder was öffnet Sonja? •	• ihren Helm
Wen oder was verlangt sie? •	• die Fahrertür von Bertas Wagen

Name:

Berta Bleifuß – ganz schön frech! (2)

Stelle dir zu jedem Satz die Wen-oder-was-Frage. Suche aus dem Kasten für jede Lücke die passende Wen-Ergänzung.

den	die scheinheilige Berta	die Sache	
Mich	Angst	meinen Kollegen Pommes	
ihre Unschuld	das Gaspedal	Sonja	

Berta Bleifuß beteuert Sonja Sandmann ____________________.

„Ich will ihnen ______________ gern erklären. ____________ hat ein Auto verfolgt. Da habe ich ____________ bekommen. Deswegen habe ich ________________________ so weit durchgetreten." Sie blickt ____________ treuherzig an.

„Sie wurden von jemandem verfolgt? Sie meinen doch nicht etwa ____________________ ____________________________", sagt Sonja.

„Ich glaube, ____________ haben wir abgehängt", meint Berta stolz.

In diesem Moment tritt Pommes hinzu und klärt ______________________________ auf.

Ergänzungen im 4. Fall sind sehr häufig. Das merkst du, wenn du den Rest der Geschichte einmal so liest.

Pommes sagt gelassen: „Frau Bleifuß, Sie haben *Wen oder was?* um ein Vielfaches überschritten. Deswegen habe ich *Wen oder was?* verfolgt. Sie müssen doch *Wen oder was?* gesehen und *Wen oder was?* gehört haben. Für *Wen oder was?* steht fest: Sie haben *Wen oder was?* in höchstem Maße gefährdet." Pommes und Sonja schreiben *Wen oder was?*. Berta muss *Wen oder was?* abgeben. „Dann besorge ich mir eben *Wen oder was?*", antwortet Berta ungerührt. Pommes brummt: „Hoffentlich nimmt der *Wen oder was?* ernster als Sie."

Setze nun die passenden Ergänzungen ein und schreibe den Abschnitt in dein Heft.

ihren Führerschein	die zulässige Höchstgeschwindigkeit	den Straßenverkehr	
einen Chauffeur	mein Blaulicht	die Verkehrsregeln	mich
Ihren Wagen	die Sirene	einen ausführlichen Bericht	

Name:

Wer kratzt hier wen?

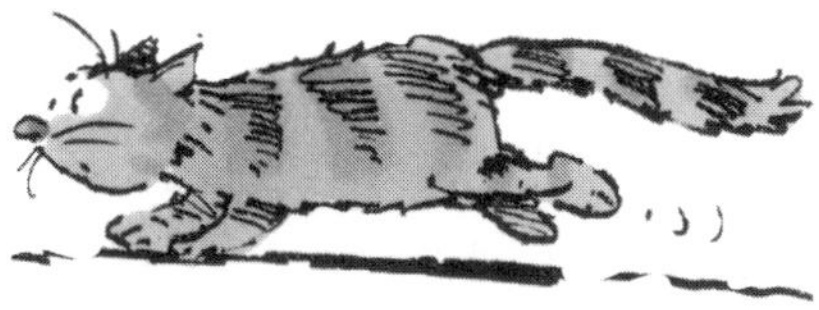

Wer *kratzt, trägt, sieht* und *küsst* hier wen?
Es gibt immer zwei Möglichkeiten. Lies.

Ihre Katze kratzt Sonja immer am Nacken. Ihren Hund krault Sonja am Bauch.
Ihre Katze kratzt Sonja immer am Nacken. Sonja hat davon am Nacken schon rote Stellen.

Ihre Mutter trägt Klein-Ida durchs Zimmer. So stark ist sie allerdings nur auf ihrem Bild.
Ihre Mutter trägt Klein-Ida durchs Zimmer. Schon ist Klein-Ida eingeschlafen.

Peter Zwiebel sieht Berta im Halteverbot stehen. Klar, dass er den Abschleppwagen ruft!
Peter Zwiebel sieht Berta im Halteverbot stehen. Sie fragt sich, was er da macht.

Nur seine Frau küsst Pommes. Andere Frauen würde er nie küssen.
Nur seine Frau küsst Pommes. Aber seine Tochter küsst ihn natürlich auch!

Markiere in den doppelten Sätzen jeweils Subjekt (Wer oder was?), Prädikat (Was geschieht?) und die Ergänzung im 4. Fall (Wen?).

In den folgenden Sätzen kannst du selbst durch einen zweiten Satz die Verhältnisse klarstellen. Dein Arbeitspartner versteht es vielleicht ganz anders. Vergleicht.

Wer trägt hier wen ein? – Die Vertretungslehrerin trägt unsere Klassensprecherin wegen Zuspätkommens ins Klassenbuch ein.

Wer futtert hier wen? – Wilde Piraten futtern kleine Haie, damit sie stark werden.

Und wer liebt hier wen?
Brave Mädchen lieben freche Jungs.

Zum Schmunzeln:
Kleine Unterschiede,
große Wirkung!

Herr Trinklein beißt eine Wurst. Oder: Herrn Trinklein beißt eine Wurst. Nanu?
Der Kommissar spült den Teller ab. Oder: Den Kommissar spült der Teller ab. Erstaunlich!
Pirelli gefällt die fleischfressende Pflanze sehr. Oder: Pirelli gefällt der fleischfressenden Pflanze sehr.
In Deckung, Pirelli!

Name:

Alex, der Schulhofschreck

Du kennst schon Subjekt (Satzgegenstand), Prädikat (Satzaussage) und die Wen-Ergänzung. Jetzt geht es um ein weiteres Satzglied: Es heißt **Wem-Ergänzung** oder Ergänzung im **3. Fall**. Von den Sprachprofis wird es Dativobjekt genannt.

Lies den Text und fülle die Lücken mit den passenden Wem-Ergänzungen.

Pascal | Alex | uns | ihr | ihnen

ihrem Freund | Alex | der Pausenaufsicht Frau Müller

Pascal wollte ____________ mal richtig die Meinung sagen. Daraufhin verdrehte Alex ____________ den Arm. Lisa wollte ____________ helfen. „Du gehst ____________ auf die Nerven!“, rief sie ____________ zu. Alex nahm ____________ daraufhin die Mütze weg. Deshalb sagten Pascal und Lisa ____________ Bescheid. Die hörte ____________ zu.

Lies den Text und fülle die Lücken mit den passenden Wem-Ergänzungen.

Frau Müller | niemandem | Alex

Seinen Eltern | seiner Klassenlehrerin | Der

Alex wollte ____________ seine Tränen zeigen. Er lief ____________ davon. Sie berichtete ____________ von dem Zwischenfall. ____________ wurde es langsam zu bunt. ____________ schrieb sie eine Strafarbeit ins Elternheft. ____________ hat Alex das Heft aber nicht gezeigt.

Schreibe die Wem-Fragen in dein Heft und antworte mit der passenden Satzergänzung.

Wem *wollte Pascal mal richtig die Meinung sagen? – Alex*
Wem *verdrehte Alex den Arm? – …*

Name:

Hilfe für Alex

Stelle jeweils die Wem-Frage und finde die Wem-Ergänzung. Schreibe die Frage mit Antwort auf.

Lisa gibt ihrem Mitschüler noch eine Chance.

Wem gibt Lisa noch eine Chance? – ihrem Mitschüler

Den meisten Kindern ist ihr Mitschüler Alex gleichgültig.

____

Lisa und Pascal wollen Alex gern helfen.

____

Sie stellen ihm viele Fragen.

____

Alex reicht Lisa und Pascal zur Versöhnung die Hand.

____

Vervollständige die folgenden Sätze durch eine passende Wem-Ergänzung. Kreuze an.

Lisa und Pascal wollen ☐ Herr und Frau Roos / ☐ Herrn und Frau Roos von Alex' Problemen erzählen.

Alex' Eltern hören ☐ die Kinder / ☐ den Kindern zu.

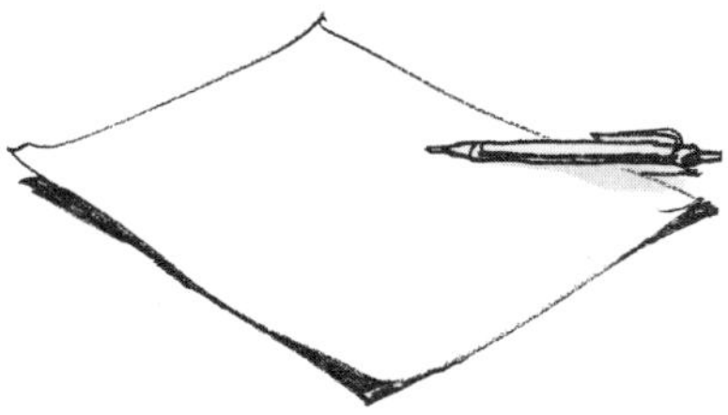

Sie danken ☐ die beiden. / ☐ den beiden.

Alex' Eltern schreiben ☐ der Klassenlehrerin / ☐ die Klassenlehrerin einen Brief.

Frau Böhm stattet ☐ die Familie / ☐ der Familie einen Besuch ab.

Name:

Herr Trinklein ist gut erzogen, oder?

Frage nach allen vier Satzgliedern. Markiere und benenne sie.

Herr Trinklein beweist uns seine gute Erziehung.

Wer oder was beweist uns seine gute Erziehung? – Herr Trinklein (Subjekt)
Was tut Herr Trinklein? – beweist (Prädikat)
Wem beweist Herr Trinklein seine gute Erziehung? – uns (Wem-Ergänzung)
Wen oder was beweist Herr Trinklein uns? – seine gute Erziehung (Wen-Ergänzung)

Lisa schüttet ihrem Hund Futter in den Napf.

Subjekt ______________________________

Herr Trinklein zeigt ihr seine Dankbarkeit.

Subjekt ______________________________

Der entsetzten Lisa schenkt er eine hübsche Pfütze.

____

Spielt das Sprachspiel „Satzglieder fangen“.

Aufmerksame Hofhunde verpassen vorwitzigen Briefträgerwaden einen schönen Gebissabdruck.

Kluge Briefträger bekunden diesen eifrigen Hunden den nötigen Respekt.

Das größte Vergnügen bereitet einem Vampir ein anständig gewaschener Hals.

Solchen Hälsen bereiten anständig gepflegte Zähne ein fast schmerzloses Vergnügen.

Anständige Kinder erlauben ihren Eltern einen freien Abend.

Die dankbaren Eltern besorgen ihren Lieblingen ausreichende Knabbervorräte.

Anhängliche Pinguine schenken ihrem Pfleger einen leckeren Fisch.

Name:

Aus dem Handbuch für Vampirforscher

Ein Satz kann eine oder mehrere Ergänzungen enthalten, die etwas über den **Ort** oder die **Richtung** aussagen. Man fragt nach ihnen mit den Fragewörtern **„Wo?", „Wohin?", „Woher?"**.

Lies jeweils beide Sätze. Entscheide dann und kreuze an.

Junge Vampire steigen gerne pünktlich
☐ Wo? – in ihrem Sarg.
☐ Woher? – aus ihrem Sarg.

Alte Vampire bleiben gerne noch etwas länger
☐ Wo? – in ihrem Sarg
☐ Woher? – aus ihrem Sarg
liegen.

Vampirmädchen fliegen gerne zum Quatschen
☐ Wo? – in der Geisterbahn.
☐ Wohin? – in die Geisterbahn.

Vampirjungen jobben nach der Schule
☐ Wo? – in der Geisterbahn.
☐ Wohin? – in die Geisterbahn.

Vampirlehrer bringen ihren Schülern
☐ ________? – in der Schule
☐ ________? – in die Schule
alles über Blutgruppen bei.

☐ ________? – In der Schule
☐ ________? – In die Schule
zu gehen ist also sehr wichtig.

Du triffst in der Schule einen Vampir, der dich nach dem Weg fragt. Was tust du? Streiche alle grammatisch falschen Antworten durch. Dann entscheide dich und kreuze an.

Ich schicke ihn ...

☐ auf der Toilette.
☐ in dem Lehrerzimmer.
☐ in das Lehrerzimmer.
☐ auf dem Schulhof.
☐ in die Parallelklasse.
☐ in der Parallelklasse.

☐ im Sekretariat.
☐ auf den Friedhof.
☐ ins Sekretariat.
☐ in einer Putzkammer.
☐ ins Rathaus.

Name:

Die Zeit heilt alle Hunde

Sätze können eine oder mehrere Ergänzungen enthalten, die etwas über die **Zeit** aussagen: **Wann? Wie lange? Seit wann? Bis wann? Wie oft?**

Die Sätze enthalten jeweils zwei Satzergänzungen der Zeit. Eine davon ist weniger sinnvoll. Streiche sie durch. Unterstreiche die andere.

Kommissar Kugelblitz verhörte gestern den Meisterdieb Eddie Elster mehrere Sekunden.

Polizeihund Rex erschien heute an seinem 50. Geburtstag wieder gesund zum Dienst.

Kriminalhauptmeister Zwiebel wartet seit Jahren um 17.02 Uhr auf seine Beförderung.

Sonja Sandmann arbeitete während ihrer Ausbildung in allerletzter Sekunde in Amsterdam.

Tresorexperte Max Schleicher arbeitet am liebsten kurz vor Eintreffen des bösen Zauberers nach Einbruch der Dunkelheit.

Polizeiobermeister Pommes kontrolliert seit seiner Geburt einmal am Tag sein E-Mail-Postfach.

Martin machte fast immer seine Hausaufgaben direkt nach dem Kindergarten.

Ein Zeuge hatte den Verschwundenen am Ende des 30-jährigen Krieges mehrmals an einer Bushaltestelle gesehen.

Lisa darf Herrn Trinklein jeden Morgen nie mit in die Schule nehmen.

Lisas Lehrerin kocht morgens stundenlang einen Griesbrei für ihren kleinen Sohn Noah.

Stelle zu der Zeitangabe die passende Frage und schreibe sie auf ein Blatt.

Wann verhörte Kommissar Kugelblitz den Meisterdieb Eddie Elster? – gestern
Wann …

Stelle jeden Satz um. Die Zeitangabe rückt an den Anfang. Schreibe auf ein Blatt.

<u>Gestern</u> verhörte Kommissar Kugelblitz den Meisterdieb Eddie Elster …

Name:

Max' unangenehm erfreulicher Arbeitstag

Sätze können eine oder mehrere Ergänzungen enthalten, die etwas über die Art und Weise aussagen, in der etwas getan wird oder geschieht. Ein solches Satzglied wird **Ergänzung der Art und Weise** genannt. Du fragst nach diesem Satzglied mit **„Wie?", „Auf welche Art und Weise?", „Womit?", „Ohne was?".**

Lies die Geschichte. Achte besonders auf die Ergänzungen der Art und Weise. Sicher fällt dir etwas auf.

Max Schleicher lebte als Tresorknacker in bescheidenen Verhältnissen auf großem Fuß. Bei seinem aktuellen Arbeitsvorhaben öffnete er die Tür mit einem tonnenschweren Vorschlaghammer mit einem Nachschlüssel. Geräuschlos krachend gab die schwere Schlosstür den Weg frei. Nun stand er ganz allein mit einem Rudel fetter Ratten in der Eingangshalle. Es lief ihm eiskalt angenehm kribbelnd über den Rücken. Das einfallende Licht des Mondes beleuchtete die Szene ausreichend nur schwach. Max tastete sich mühsam mühelos vorwärts. Sein Herz schlug ruhig und gleichmäßig wie ein Dampfhammer. Seine Werkzeugtasche baumelte federleicht bleischwer an seinem Arm. Den Weg zum Tresor fand er nur mühsam ohne jede Mühe. Sein neuer Schneidbrenner verrichtete heute einwandfrei seinen Dienst sehr widerwillig. Max fühlte sich großartig total unfähig. Die Beute erfreute Max überhaupt nicht über alle Maßen. Die Schlossbesitzerin Gräfin Grimelli hatte ihre Ersparnisse ja kaum mit vollen Händen ausgegeben. Vor dem Hinausgehen verwischte Max nachlässig seine Spuren sorgfältig.

Jeder Satz enthält jeweils zwei Satzergänzungen der Art und Weise. Eine davon ist weniger günstig für Max, die andere ist für ihn erfreulich.

Markiere diese Ergänzungen in zwei verschiedenen Farben. Lies erst eine Version der Geschichte, dann die andere.

Name:

Jede Menge Missverständnisse

Pommes hat zu seinem Geburtstag seine Großtante Antonia eingeladen. Sie ist fast taub. Kugelblitz sitzt neben ihr und versucht zu berichten. Sie lässt ihn allerdings nie ausreden.

KK: Die Köchin kocht heute dem Fritz …
G.A.: Die Köchin kocht heute den Fritz?
KK: Nein, die Köchin kocht heute dem Fritz ein ganz besonderes Essen, nämlich Schnitzel mit Pommes.

KK: Herr Zwiebel schlägt seinem Nachbarn …
G.A.: Na, so was! Herr Zwiebel schlägt seinen Nachbarn?
KK: Nein, er schlägt ihm vor, die Plätze zu tauschen.

Erkennst du, wie es zu den Missverständnissen kommt? Setze die Unterhaltung fort.

KK: Frau Pommes zerschneidet gerade ihrem Schwager …

G.A.: Sie zerschneidet wirklich ihren ______________________________

KK: Aber nein! Sie ______________________________

Vorschlag: Schnitzel, Gipsarm

KK: Herr Pommes trägt seiner Schwiegermutter …

G.A.: ______________________________

KK: ______________________________

Vorschlag: Teller, Stock

KK: Enkel Max streicht dem Großvater …

G.A.: ______________________________

KK: ______________________________

Vorschlag: Butter, Brötchen

Um wen geht es? Verbinde richtig.

Der Vater gibt ihm einen Rat. •	• eine Taube
Sie fährt mit dem neuen Rad. •	• die Schülerin
Jeden Tag füttert die alte Dame sie. •	• der Schülerin
Herr Maier fährt ihn donnerstags immer zum Training. •	• seinem Sohn
Das knallrote Fahrrad gehört ihr. •	• einer Taube
Am Boden liegt eine Feder von ihr. •	• seinen Sohn

Name:

Vier Fälle und ein neuer Fall (1)

Wer oder was? 1. Fall Nominativ		**Wessen?** 2. Fall Genitiv		**Wem?** 3. Fall Dativ		**Wen** oder was? 4. Fall Akkusativ	
der Mann, ein Mann	er sie	des Mannes, eines Mannes	sein seine	dem Mann, einem Mann	ihm ihr	den Mann, einen Mann	ihn sie
die Frau, eine Frau	es	der Frau, einer Frau	ihr	der Frau, einer Frau		die Frau, eine Frau	es
das Auto, ein Auto		des Autos, eines Autos	ihre	dem Auto, einem Auto		das Auto, ein Auto	
der Koffer, ein Koffer		des Koffers, eines Koffers		dem Koffer, einem Koffer		den Koffer, einen Koffer	
die Pistole, eine Pistole		der Pistole, einer Pistole		der Pistole, einer Pistole		die Pistole, eine Pistole	
das Paket, ein Paket		des Pakets, eines Pakets		dem Paket, einem Paket		das Paket, ein Paket	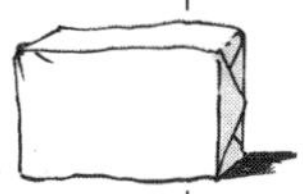
der Diamant, ein Diamant		des Diamanten, eines Diamanten		dem Diamanten, einem Diamanten		den Diamanten, einen Diamanten	

Ein Mann, eine Frau, ein Koffer, ein Paket, eine Pistole, ein Diamant und ein geheimnisvoller neuer Fall für Kommissar Kugelblitz – hier ist deine Fantasie gefragt!

Wie könnte man folgende Fragen beantworten? Finde mithilfe der Tabelle verschiedene Möglichkeiten.

Wer oder was ist sehr verdächtig?

Wem könnte der Koffer gehören?

Wer trägt eine Pistole bei sich?

Wessen Paket trägt zu großer Verwirrung bei?

Wen oder was will die Frau nicht verlieren?

Hast du Ideen, wie alles zusammenhängen könnte? Erzähle einem Partner.

Name:

Vier Fälle und ein neuer Fall (2)

Lies diesen Lückentext aufmerksam und finde heraus, wie sich die Geschichte wohl zugetragen hat. Setze die Wörter aus der Tabelle in die Lücken ein. Manche kann man mehrmals verwenden, andere gar nicht.

__________ hastet über den Bahnhofsvorplatz. In seiner Hand hält er den Griff __________. Als __________ mit __________ durch die Tür will, stößt er mit __________ zusammen. __________ entgleitet dabei __________. __________ wird bei dem Sturz an der Ecke beschädigt. Auch __________ ergeht es kaum besser.

Bei dem Zusammenstoß öffnet sich nämlich der Verschluss __________. __________ fällt heraus und schlittert über den Boden. __________ blickt __________ erschrocken an. __________ will sie beruhigen und zeigt __________ seine Polizeimarke. Die Wirkung überrascht __________: Die Frau nimmt nämlich hastig __________ unter den Arm und rennt los. Zugleich fährt __________ mit quietschenden Reifen vor. __________ steigt ein. __________ rast mit Vollgas davon. Kopfschüttelnd blickt der Mann __________ nach. Dann ist er eine Weile mit __________ beschäftigt. __________ geht ächzend in die Hocke und sammelt __________ Kleider und natürlich auch __________ wieder ein. Nach einer Weile ist alles verstaut und __________ kann

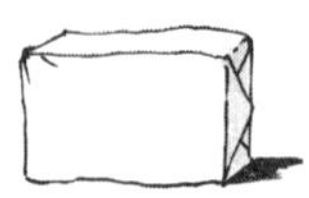

__________ wieder verschließen. Da fällt __________ ein glitzernder Gegenstand auf, der etwas abseits auf dem Boden liegt. Unglaublich! Das ist doch __________! __________ nimmt ihn behutsam in die Hand. Die Größe und Schönheit __________ lassen __________ schlucken. Ist __________ vorhin etwa aus __________ gefallen? Polizeiobermeister Fritz Pommes wählt die Nummer des Kommissariats 13. Als Kugelblitz sich meldet, seufzt Pommes: „Chef, ich glaube, wir haben einen neuen Fall!“

Sprichwörter und Redewendungen

Vorbemerkung

Sprichwörter und Redewendungen sind ein wichtiger Bestandteil unserer sprachlichen Kultur. Mehr oder weniger feststehende Ausdrücke, mit häufig bildhaftem Charakter, helfen Sachverhalte zu kommentieren und oft humorvoll auf den Punkt zu bringen.

Sprichwörter unterscheiden sich gegenüber Redewendungen in ihrem lehrhaften Charakter und der Unveränderlichkeit ihrer Form. Oft sind die Grenzen zwischen diesen Gattungen jedoch fließend. Der Ursprung vieler Sprichwörter, aber auch vieler Redensarten, liegt in der Bibel, in literarischen Texten und in den Aufzeichnungen von Gelehrten. In unserem Kulturkreis beziehen sie sich oft auf mittelalterliche Lebensumstände. Diese Dinge zu erforschen ist äußerst interessant.

Vor allem für Kinder mit fremder Muttersprache stellen deutsche Sprichwörter und Redewendungen eine besondere Herausforderung dar. Aber auch junge Muttersprachler lernen erst nach und nach, die übertragene Bedeutung zu entschlüsseln. Dabei müssen sie die Metapher durchschauen, um die eigentliche Aussage erkennen zu können.

Sprichwörter und Redewendungen gibt es in allen Sprachen und Kulturen. Schön ist es, wenn Kinder mit Migrationshintergrund solche sprachlichen Schätze von ihren Eltern mit in die Schule bringen können.

Lehrplanbezug

- Redewendungen und Sprichwörter kennenlernen
- Den Sinn von Redewendungen oder Sprichwörtern erfassen
- Verschiedene Sprichwörter miteinander vergleichen

Zu den Kopiervorlagen

KV Seite 111

Madame Futura

Der lustige Text steckt voller Redewendungen und Sprichwörter. Die Kinder suchen möglichst viele davon heraus. Welche kennen sie sicher? Wo schwanken sie? Die Aufgabe bietet sich für die Partnerarbeit an, damit die Schüler sich beraten können. Indem sie in eigenen Worten erklären, was die Redewendungen bedeuten, setzen sie sich intensiv damit auseinander. Besprechen Sie die Ergebnisse anschließend im Plenum.

Lösung

Aufgabe 1:

Madame Futura nimmt Kugelblitz' Äußerungen wörtlich.

Aufgabe 2:

(...) „An der werden Sie sich die Zähne ausbeißen, Chef. Mir hat sie das Wort im Munde rumgedreht. Die hat es faustdick hinter den Ohren." Kugelblitz erwidert: „Ich bin seit über fünfundzwanzig Jahren Polizist und mit allen Wassern gewaschen." Kugelblitz trifft Madame Futura in ihrem Wagen. Er will den Stier gleich bei den Hörnern packen. „Haben Sie mir etwas zu sagen, Frau Futura?", fragt er ungewohnt barsch und fügt hinzu: „Mit mir ist

nicht gut Kirschen essen!" (…) Kugelblitz schaut irritiert. „Wollen Sie mich etwa auf den Arm nehmen? (…) Stattdessen bläst er zum Angriff. „Statt hier rumzualbern", sagt er so streng wie nur möglich, „sollten sie mir besser gleich reinen Wein einschenken. Vielleicht kommen sie dann mit einem blauen Auge davon." (…) Kugelblitz hat bereits die weiße Fahne gehisst und ist auf dem Rückzug. Die hat ja wirklich Haare auf den Zähnen, denkt er und grummelt (…) Soll Sonja doch mit ihr die Klingen kreuzen. Er hat für heute seinen Meister gefunden (…).

jemandem das Wort im Munde rumdrehen: etwas absichtlich missverstehen
es faustdick hinter den Ohren haben: raffiniert sein
mit allen Wassern gewaschen sein: gerissen sein
den Stier bei den Hörnern packen: eine Aufgabe direkt angehen
mit jemandem ist nicht gut Kirschen essen: jemand ist schwer umgänglich
jemanden auf den Arm nehmen: jemanden veralbern
zum Angriff blasen: direkt sein Ziel verfolgen
reinen Wein einschenken: jemandem die Wahrheit sagen
mit einem blauen Auge davonkommen: eine ungünstige Situation relativ unbeschadet überstehen
die weiße Fahne hissen: sich ergeben
Haare auf den Zähnen haben: schwer umgänglich sein
die Klingen kreuzen: mit jemandem eine Auseinandersetzung haben
seinen Meister finden: jemandem unterlegen sein

KV Seite 112

Geredet und gesprochen

Redewendungen und Sprichwörter gehören zur deutschen Sprachkultur und werden von den Kindern nach und nach gelernt. Indem sie die Wendungen unterschiedlich gebrauchen und hören, wird ihnen deren tatsächlicher Sinn bewusst. Sie versuchen, die Bedeutung zuzuordnen.

Anspruchsvoller wird es, wenn die Schüler verschiedene Sprichwörter entschlüsseln und nach ihrer Aussage einander zuordnen. Die Kinder müssen so vom unmittelbaren Wortsinn abstrahieren, um den gemeinsamen Kern und damit die wesentliche Botschaft des Sprichworts zu entdecken.

Lösung

Aufgabe 1:

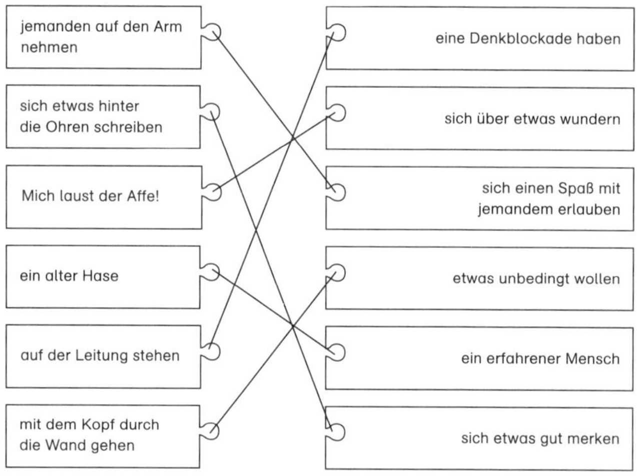

Aufgabe 2:

Man soll nichts überstürzen: Überquere die Brücke nicht, bevor du sie erreicht hast. (England) – Lass nicht den Falken los, bevor du den Hasen siehst. (China) – Sorge erst für den Schlitten und dann für das Geläut. (Russland)
Auch kleine Dinge können eine große Wirkung haben: Auch ein kleiner Stein kann ein großes Loch machen. (Jüdisches Sprichwort) – Der Elefant stirbt an einem winzigen Pfeil. (Afrika) – Auch der Tiger ärgert sich über einen Floh in seinem Fell. (China)

Name:

Madame Futura

Im Wanderzirkus wurde schon zum dritten Mal die Tageskasse gestohlen. Kriminalhauptmeister Zwiebel hat bereits alle Mitarbeiter befragt. Besonders verdächtig erscheint ihm die geheimnisvolle Madame Futura. Eine Wahrsagerin? Das ist Chefsache. Zwiebel warnt Kugelblitz jedoch: „An der werden Sie sich die Zähne ausbeißen, Chef. Mir hat sie das Wort im Munde rumgedreht. Die hat es faustdick hinter den Ohren." Kugelblitz erwidert: „Ich bin seit über fünfundzwanzig Jahren Polizist und mit allen Wassern gewaschen." Kugelblitz trifft Madame Futura in ihrem Wagen. Er will den Stier gleich bei den Hörnern packen. „Haben Sie mir etwas zu sagen, Frau Futura?", fragt er ungewohnt barsch und fügt hinzu: „Mit mir ist nicht gut Kirschen essen!" Madame Futura klimpert mit ihren verlängerten Wimpern: „Ich mag die Dinger auch nicht, zu viele Steine. Aber vielleicht kann ich Ihnen ein paar Erdbeeren anbieten?" Kugelblitz schaut irritiert. „Wollen Sie mich etwa auf den Arm nehmen? Sie wissen ganz genau, was ich meine!" – „Auf den Arm nehmen? Ich, Sie? Sie sind mir aber einer, Herr Kommissar." Kugelblitz läuft rot an. Er hätte auf Zwiebel hören sollen. Aber noch gibt er nicht auf. Stattdessen bläst er zum Angriff. „Statt hier rumzualbern", sagt er so streng wie möglich, „sollten sie mir besser gleich reinen Wein einschenken. Vielleicht kommen sie dann mit einem blauen Auge davon." Madame Futura erwidert kühl, sie habe keinen Wein im Haus und außerdem sei der Kommissar doch wohl im Dienst. „Und wenn sie es noch einmal wagen", fügt sie hinzu, „mir mit körperlicher Gewalt zu drohen …" Den Satz braucht sie nicht zu Ende zu sprechen. Kugelblitz hat bereits die weiße Fahne gehisst und ist auf dem Rückzug. Die hat ja wirklich Haare auf den Zähnen, denkt er und grummelt: „Ich werde für das schriftliche Protokoll meine Kollegin, Frau Sandmann, vorbeischicken." Madame Futura schenkt ihm ein huldvolles Lächeln und wendet sich wieder ihrer Kristallkugel zu. Kugelblitz verlässt frustriert den Wagen. Soll Sonja doch mit ihr die Klingen kreuzen. Er hat für heute seinen Meister gefunden, besser gesagt seine Meisterin.

Redewendungen sind feststehende, oft bildhafte Ausdrücke, die man nicht wörtlich nehmen darf. Sie haben eine übertragene Bedeutung.

Beispiel: sich die Zähne ausbeißen – etwas nicht schaffen: „An dieser Matheaufgabe beiße ich mir die Zähne aus!"

Mit welchem Trick verwirrt Madame Futura den armen Kugelblitz?

____

Im Text kommen zahlreiche Redewendungen vor. Finde möglichst viele und markiere sie. Versuche sie zu erklären. Schreibe ins Heft.

Name:

Geredet und gesprochen

Ordne den Redewendungen ihre Bedeutung zu.

jemanden auf den Arm nehmen	eine Denkblockade haben
sich etwas hinter die Ohren schreiben	sich über etwas wundern
Mich laust der Affe!	sich einen Spaß mit jemandem erlauben
ein alter Hase	etwas unbedingt wollen
auf der Leitung stehen	ein erfahrener Mensch
mit dem Kopf durch die Wand gehen	sich etwas gut merken

Immer drei Sprichwörter passen zusammen, weil sie eine ähnliche Bedeutung haben. Markiere die Sprichwörter und ihre Bedeutung farbig.

Auch ein kleiner Stein kann ein großes Loch machen. (Jüdisches Sprichwort)

Auch der Tiger ärgert sich über einen Floh in seinem Fell. (China)

Überquere die Brücke nicht, bevor du sie erreicht hast. (England)

Man soll nichts überstürzen.

Auch kleine Dinge haben oft eine große Wirkung.

Sorge erst für den Schlitten und dann für das Geläut. (Russland)

Der Elefant stirbt an einem winzigen Pfeil. (Afrika)

Lass nicht den Falken los, bevor du den Hasen siehst. (China)

